1

Julien **Gauthier** Lidia **Parodi** Marina **Vallacco**

Tous ensemble !

Livre de l'élève

Tableau des contenus

Unités	Communication	Lexique/Phonétique	Grammaire
Unité 0 *p. 6*			
Unité 1 *p. 10* La rentrée Dans la cour de récréation	• Dire bonjour • Demander à quelqu'un comment il va • Prendre congé • Se présenter et présenter quelqu'un • Identifier quelqu'un ou quelque chose • Demander et donner un numéro de téléphone • Épeler un mot	• Dans une salle de classe • Pour faire mes devoirs • Pour compter : de 0 à 20 • L'alphabet	• Les pronoms personnels sujets • Les articles définis et indéfinis • La formation du féminin (1) • La formation du pluriel • Le présent de l'indicatif du verbe *être* • Le présent de l'indicatif des verbes du 1er groupe • Particularités des verbes du 1er groupe
Civilisation *p. 20* : La francophonie **Atelier** *p. 22* **Certification** *p. 23*			
Unité 2 *p. 24* Devant le collège Au réfectoire	• Demander l'âge et répondre • Demander à quelqu'un d'où il vient et répondre • Demander à quelqu'un confirmation de sa nationalité • Parler des matières scolaires et de l'emploi du temps • Demander à quelqu'un ses préférences et répondre • Exprimer l'enthousiasme	• Le tour du monde • L'emploi du temps de Pauline • Pour compter : de 21 à 69 • L'accent tonique • L'accent orthographique (1)	• Les pronoms personnels toniques • La forme négative (1) • La forme interrogative • Les adjectifs possessifs • La formation du féminin (2) • Le présent de l'indicatif du verbe *avoir* • Le présent de l'indicatif des verbes du 3e groupe
Civilisation *p. 34* : Bienvenue en France ! **Atelier** *p. 36* **Certification** *p. 37*			
Unité 3 *p. 38* Un coup de fil	• Répondre au téléphone et se présenter • S'informer sur la présence de quelqu'un • Inviter quelqu'un • Demander et donner des explications • Demander à quelle heure et répondre • Accepter ou refuser une invitation	• Pour se décrire... • Les mois de l'année • Pour compter : de 70 à 101 • Les finales muettes	• *Ce/Il + être* • *Qui est-ce ? C'est, ce sont...* • *Qu'est-ce que c'est ? C'est, ce sont...* • *Être là – Il y a* • La formation du féminin (3) • *Pourquoi... ? Parce que... ?* • Les articles contractés • Quelques verbes : *faire, pouvoir*
Civilisation *p. 48* : Des fêtes toute l'année ! **Atelier** *p. 50* **Certification** *p. 51*			

Tableau des contenus

Unités	Communication	Lexique/Phonétique	Grammaire
Unité 4 *p. 52* Dans un magasin de vêtements	• Indiquer et contester la possession • Demander à quelqu'un ses préférences et répondre • Offrir son aide de façon formelle • Décrire des sensations physiques et indiquer la température atmosphérique • S'exclamer	• À chaque saison, ses vêtements et ses accessoires • Les motifs • Les couleurs • La liaison • La liaison avec les nombres • L'accent orthographique (2)	• L'expression de la possession • Les pronoms après les prépositions • Les adjectifs démonstratifs • *Tu* ou *vous* ? Le registre formel et informel • La forme négative avec *ne... plus* • Le verbe *avoir* pour exprimer des sensations • Le verbe *faire* dans les tournures impersonnelles • L'impératif affirmatif
Civilisation *p. 62* : Une promenade en bateau-mouche à Paris **Atelier** *p. 64* **Certification** *p. 65*			
Unité 5 *p. 66* Après les cours	• Demander à quelqu'un quand il fait quelque chose et répondre • Parler des activités quotidiennes • S'informer sur la fréquence et répondre • Demander et dire l'heure	• La journée d'une collégienne • Le sport ? J'adore ! • La prononciation des diphtongues : *u/ou, ai/ei, oi, au/eau*	• L'interrogation partielle • Les prépositions de lieu (1) • Adverbes et expressions de temps • Le présent de l'indicatif des verbes du 2ᵉ groupe • Quelques verbes : *mettre, prendre, sortir* • Particularités des verbes du 1ᵉʳ groupe
Civilisation *p. 76* : Des parcs pour tous les goûts ! **Atelier** *p. 78* **Certification** *p. 79*			
Unité 6 *p. 80* Un après-midi chez Kevin	• Demander et dire où se trouve quelque chose • Exprimer l'étonnement • S'informer sur la quantité et répondre • Demander confirmation et répondre • Décrire un logement • Proposer à quelqu'un de faire quelque chose et répondre	• Dans ma maison, il y a… • Les meubles et les appareils électroménagers • Les voyelles nasales : [ɑ̃] et [ɛ̃]	• *Combien de/d'…* ? • *Il y a* • Les prépositions de lieu (2) • Les prépositions devant les noms de pays ou de régions • Quelques verbes : *connaître, savoir, voir, vouloir*
Civilisation *p. 90* : Les parcs nationaux **Atelier** *p. 92* **Certification** *p. 93*			

Projets Internet *p. 94*
EMILE *p. 96*
Verbes *p. 104*
La France physique *p. 106*

La France administrative *p. 107*
Le métro de Paris *p. 108*
Alphabet et alphabet phonétique *p. 109*
Index analytique *p. 110*

Mode d'emploi

Le *Livre de l'élève*
Structure de chaque unité

- une double page d'ouverture comprenant un ou deux dialogues et des activités de compréhension
- une double page de *Lexique*
- une double page de *Communication*
- deux doubles pages de *Grammaire* et *Phonétique*
- une double page de *Civilisation*
- une page d'*Atelier*
- une page de *Certification*

Dialogue

Cette page comprend des activités de compréhension orale et écrite sur le dialogue d'ouverture. Tu y trouveras également des activités de production orale qui te permettront de mieux t'exprimer en français.

Chaque unité commence par un ou deux dialogues enregistrés. Ils sont toujours accompagnés d'illustrations pour en faciliter la compréhension.

Lexique

Cette rubrique va te permettre de découvrir de nouveaux mots. La plupart d'entre eux sont illustrés avec des dessins ou des photos.

N'oublie pas de faire les jeux en bas de page !

Communication

Cette rubrique présente les fonctions communicatives sous forme de vignettes qui reprennent des situations de la vie quotidienne.

Grammaire & Phonétique

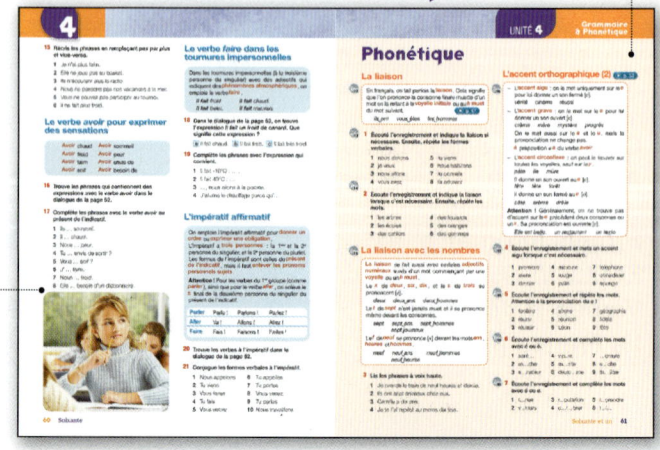

Ces pages t'expliquent les règles de grammaire de façon claire et simple. Chaque règle est suivie d'exercices d'application.

Cette rubrique te permettra d'apprendre à prononcer et à écrire correctement les sons de la langue française.

4 Quatre

Mode d'emploi

Civilisation

Grâce à cette double page, tu découvriras de nombreux aspects de la culture francophone.

Atelier & Certification

À la fin de l'année tu pourras, si tu le souhaites, passer la certification DELF. Cette page t'aidera à te préparer aux quatre types d'épreuve de cette certification.

Il s'agit d'une page d'entraînement à la compréhension et à la production écrite et orale.

Projets Internet

Cette double page, située à la fin des six unités, te permettra d'approfondir la culture francophone sur le Web et de tester tes compétences numériques.

Emile

Cette page privilégie le travail interdisciplinaire puisqu'elle présente, en français, une matière que tu connais déjà (biologie, géographie, etc.).

Parfois, tu trouveras cet encadré **Entre AMIS** dans la marge : il te permettra de découvrir comment parlent les jeunes Français entre eux !

Le *Cahier d'exercices*

Il suit la même progression que le livre. Chaque unité se conclut par la rubrique *Fais le point !* Cette double page te permettra de faire le bilan de ce que tu as appris dans l'unité.

Le CD audio comprend l'enregistrement des dialogues du *Livre de l'élève* et de toutes les activités de phonétique et de compréhension orale du *Cahier d'exercices*.

cinq 5

0

En classe, le professeur dit...

1. Silence, s'il vous plaît ! / Taisez-vous !
2. Asseyez-vous !
3. Efface le tableau !
4. Lis le texte !
5. Écoutez l'enregistrement !
6. Viens au tableau !
7. Ouvrez votre livre page 20 !
8. Regardez le dessin !
9. Levez le doigt !

En classe, les élèves disent...

1. Bonjour monsieur !

2. Présente ! Absent !

3. Je n'ai pas appris ma leçon.

4. J'ai oublié mon livre et mon cahier.

5. Je n'ai pas fait mes devoirs.

6. Je peux sortir, s'il vous plaît ?

7. Je n'ai pas compris.

8. Comment on dit... en français ?

9. Vous pouvez répéter, s'il vous plaît ?

UNITÉ 0

Sept 7

Tu sais reconnaître le français ?

1 Dans chaque série, indique l'image qui est en français.

UNITÉ 0

Avant de commencer, découvre tes nouveaux amis français !

Kevin
Quentin
Abou
Saïda
Pauline
Manon

Neuf 9

UNITÉ 1

OBJECTIFS
- Dire bonjour
- Demander à quelqu'un comment il va
- Prendre congé
- Se présenter et présenter quelqu'un
- Identifier quelqu'un ou quelque chose
- Demander et donner un numéro de téléphone
- Épeler un mot

La rentrée

Le professeur : Bonjour tout le monde !
Les élèves : Bonjour madame.
Le professeur : Je suis madame Bertin, votre professeur d'histoire-géo. Vous avez vos livres ?
Les élèves : Oui !

Dans la cour de récréation

Quentin : Salut Abou. Ça va ?
Abou : Oui, ça va. Et toi ?
Quentin : Bien, merci. Comment s'appelle la blonde là-bas ?
Abou : Pauline. C'est une amie de Manon. Elle est mignonne, hein ?
Quentin : Oui, elle est super mignonne !
Abou : Pauline ! Pauline, je te présente Quentin.
Pauline : Salut Quentin.
Quentin : Salut Pauline. Tu habites à Paris ?
Pauline : Oui.
Quentin : J'organise une boum samedi, tu es libre ?
Pauline : Je pense, oui.
Quentin : Quel est ton numéro de téléphone ?
Pauline : C'est le 06 12 20 02 13.
Quentin : Tu peux épeler ton prénom, s'il te plaît ?
Pauline : Oui, P A U L I N E.
Quentin : Mince, ça sonne ! Tchao !
Pauline : Au revoir.

UNITÉ **1** | **Dialogue**

Compréhension orale

DELF 1 Écoute les enregistrements des dialogues. Dis si les affirmations sont vraies (V) ou fausses (F).

La rentrée
1. Le professeur dit bonjour aux élèves.
2. Les élèves ont cours de biologie.
3. Le professeur est un homme.
4. Le nom du professeur est Lanvin.
5. Le professeur demande aux élèves : « Vous avez vos livres ? ».
6. Les élèves n'ont pas leurs livres.

Dans la cour de récréation
1. Quentin demande à Abou comment s'appelle une fille.
2. La fille a les cheveux châtains.
3. Elle s'appelle Muriel.
4. Elle est mignonne.
5. Elle habite à Paris.
6. Quentin organise une boum samedi.

Entre AMIS
Salut
Super mignonne
Mince
Tchao

Compréhension écrite

DELF 2 Lis le dialogue *La rentrée* et réponds aux questions.
1. Que dit le professeur aux élèves quand il entre en classe ?
2. Que répondent les élèves ?
3. Que dit le professeur pour se présenter ?
4. Quelles sont les matières que le professeur enseigne ?

DELF 3 Lis le dialogue *Dans la cour de récréation* et réponds aux questions.
1. Combien de personnages il y a ?
2. Comment s'appellent-ils ?
3. Comment s'appelle la fille ?
4. Comment s'appelle l'amie de la fille ?
5. Est-ce que la fille est libre samedi ?
6. Quel est le numéro de téléphone de la fille ?

À l'oral

4. Par groupes de trois, répétez le dialogue *Dans la cour de récréation*. Changez le nom des personnages.

5. Par groupes de trois, créez le dialogue et jouez-le.
A présente C à B.
B dit bonjour à C et il se présente.
C dit bonjour à B.
B demande à C dans quelle ville il habite.

Lexique

Dans une salle de classe

Une fenêtre
Une brosse
Un tableau
Un garçon
Une porte
Une fille
Un globe terrestre
Une craie
Un radiateur
Une armoire
Une corbeille à papier
Un bureau
Un professeur
Un élève
Une élève
Une table
Une chaise
Un cartable

1 Écris le nom de l'objet correspondant à chaque définition.

1. Il permet de savoir où se trouvent les différents pays du monde. Un … .
2. On jette le papier à l'intérieur. Une … .
3. On met les différents objets de la classe à l'intérieur. Une … .
4. La personne qui enseigne aux élèves. Un … .
5. Elle permet de s'asseoir. Une … .
6. Elle permet d'écrire au tableau. Une … .
7. Elle permet d'effacer le tableau. Une … .

UNITÉ 1 — **Lexique**

Pour faire mes devoirs

2 Associe chaque mot à l'image correspondante.

[
a une trousse   b un livre   c un crayon
d une gomme   e des (crayons) feutres
f une règle   g un cahier   h un stylo
i un cahier de textes   j un taille-crayon
]

Joue avec les mots !

3 Complète les mots à l'aide des photos et des dessins de ces deux pages.

1 Un b_r___
2 Un t___e__
3 Une f_n_t__
4 Un r_d__t___
5 Une t_____e
6 Une go___

Treize 13

Communication

Dire bonjour

Demander à quelqu'un comment il va

— Bonjour monsieur.
— Bonjour madame.
— Comment allez-vous ?
— Bien, je vous remercie.

Prendre congé

— Bonsoir Julien.
— Bonsoir madame.
— Au revoir madame.
— Au revoir les enfants.

Se présenter et présenter quelqu'un

— Salut ! Je m'appelle Lucas. Comment t'appelles-tu ?
— Moi, je m'appelle Thomas. Je te présente Romain. Lui, c'est Mathis !

Entre AMIS

Salut ! / Bye !
À plus ! / Tchao !

Ça va (bien) ?
Comment ça va ?

Tu t'appelles comment ?

1 Complète les mini-dialogues avec les phrases proposées.

[Au revoir monsieur.   Bonjour monsieur.
Ça va. Et toi ?   Bien, je vous remercie, monsieur.]

1 **A :** Ça va ?   **B :** …
2 **A :** Bonjour les enfants !   **B :** …
3 **A :** Comment allez-vous, madame ?   **B :** …
4 **A :** Au revoir madame !   **B :** …

UNITÉ 1 — Communication

Identifier quelqu'un ou quelque chose

— Qui est-ce ?
— C'est le nouveau proviseur.

— Qu'est-ce que c'est ?
— C'est une cartouche d'encre.

Demander et donner un numéro de téléphone

— Quel est ton numéro de téléphone ?
— C'est le 06 15 16 17 18.

Épeler un mot

— Tu peux épeler ton nom, s'il te plaît ?
— Oui, bien sûr ! Laval, L A V A L.

— Comment s'écrit « livre » en français ?
— Ça s'écrit L I V R E.

Entre AMIS

Qui c'est ? / C'est qui ?
C'est quoi ?

2 Complète les mini-dialogues avec les phrases proposées.

[Il s'appelle Maxime.   C'est mon classeur.]

1 A : Qu'est-ce que c'est ?   B : …
2 A : Comment il s'appelle ?   B : …

PÊLE-MÊLE

3 Choisis la bonne réponse.

A : Salut, [a] ça s'écrit comment ? [b] ça va ?
B : Bien. Et toi ?
A : Moi aussi. Le garçon là-bas, [a] qui c'est ? [b] qu'est-ce que c'est ?
B : C'est l'ami de Ludovic. [a] Tu t'appelles [b] Il s'appelle Werner.

À l'oral

4 Choisis un mot dans la liste et épèle ce mot. Tes camarades doivent deviner de quel mot il s'agit. ▶ p. 19

1 trousse   3 rapporteur   5 crayon
2 compas   4 stylo   6 cahier

Quinze

Grammaire

Les pronoms personnels sujets

je, j'*	nous
tu	vous
il (m.) / elle (f.)	ils (m.) / elles (f.)

✱ *Je* s'élide devant une **voyelle** ou un *h* **muet**.

Les pronoms personnels sujets **doivent toujours être exprimés**.

J'habite à Paris.   Nous sommes français.

1 Trouve les pronoms personnels sujets dans les dialogues de la page 10.

2 Complète les phrases avec le pronom personnel sujet qui convient.
1. … est blonde.
2. … es sympa.
3. … est brun.
4. … avez vos stylos ?
5. … s'appelle Maxime.
6. … s'appelle Marion.
7. … aimes les maths ?
8. … sommes gentils.
9. … suis votre professeur d'anglais.
10. … sont belles.

Les articles définis et indéfinis

Les articles définis s'emploient pour indiquer des personnes ou des choses **déjà définies**, c'est-à-dire connues ou citées précédemment.

Il aime **la** pizza.   Il déteste **les** maths !

	Singulier	Pluriel
Masculin	le, l'*	les
Féminin	la, l'*	

✱ *Le* s'élide devant une **voyelle** ou un *h* **muet**.

Les articles indéfinis indiquent des personnes ou des choses **non définies**.

Il a **un** chien.   Il a **des** crayons.

	Singulier	Pluriel
Masculin	un	des
Féminin	une	

3 Trouve les articles dans les dialogues de la page 10. Dis s'ils sont définis ou indéfinis.

4 Complète les phrases avec l'article défini qui convient.
1. J'adore … chocolat.
2. Il adore … chiens.
3. Elle a … yeux bleus.
4. … table est marron.
5. Je suis … professeur de géographie.
6. C'est … amie de Julie.

5 Complète les phrases avec l'article indéfini qui convient.
1. C'est … livre de maths.
2. Ce sont … feutres.
3. J'achète … gomme.
4. Tu as … trousse ?
5. J'organise … boum.
6. J'ai … ordinateur.

6 Complète les phrases avec un article défini ou indéfini.
1. Vous détestez … maths ?
2. Elle adore … anglais.
3. Nous achetons … cahiers.
4. Tu aimes … yaourts à la fraise ?
5. Il déteste … rugby.
6. Ils achètent … cartable.
7. Elle a … ordinateur.
8. J'achète … imprimante.
9. Vous aimez … géographie ?
10. Tu achètes … règle.

UNITÉ 1 — Grammaire

La formation du féminin (1)

En règle générale, pour former le féminin d'un adjectif ou d'un nom, on ajoute un *e* au masculin.

Masculin	Féminin
Un petit livre	Une petite trousse
Un client	Une cliente

7 Transforme au féminin.
1. Un grand ami.
2. Un client français.
3. Un client brun.
4. Un ami blond.

La formation du pluriel

En règle générale, pour former le pluriel d'un adjectif ou d'un nom, on ajoute un *s* au singulier.

Singulier	Pluriel
Un garçon italien	Des garçons italiens
Une fille sage	Des filles sages

8 Transforme au pluriel.
1. Un élève espagnol.
2. Un professeur sévère.
3. Un homme italien.
4. Un client sympa.

9 Mets les mots à la bonne place.

[un cahier   des craies
  la gomme   des professeurs
  la chaise   des garçons   un élève
  une armoire des stylos   une règle
  les filles   un bureau]

Masculin singulier	Féminin singulier

Masculin pluriel	Féminin pluriel

Le présent de l'indicatif du verbe *être*

Être est un verbe qui peut être utilisé **seul** ou avec d'**autres verbes** pour former les temps composés : il est alors **auxiliaire**.

Attention ! Comme tous les autres verbes français, il est **toujours** précédé d'un **sujet**.

Il est anglais.   *Vous* êtes gentils.

Être			
Je	suis	Nous	sommes
Tu	es	Vous	êtes
Il/Elle	est	Ils/Elles	sont

10 À quelles personnes est conjugué le verbe *être* dans les dialogues de la page 10 ?

11 Complète les phrases avec le verbe *être*.
1. Ils … en classe.
2. Elles … sympas.
3. Je … votre professeur d'histoire.
4. Elle … d'accord.
5. Tu … français ?
6. Nous … à l'école.
7. Vous … anglais ?
8. Il … brun.

Le présent de l'indicatif des verbes du 1er groupe

On distingue **trois groupes** de verbes. Le 1er groupe est composé de **verbes réguliers** dont la terminaison à l'infinitif est *-er*.

Pour former le présent de l'indicatif de ces verbes, on enlève la terminaison *-er* de l'infinitif et on ajoute les terminaisons *-e*, *-es*, *-e*, *-ons*, *-ez*, *-ent*.

Parler			
Je	parle	Nous	parlons
Tu	parles	Vous	parlez
Il/Elle	parle	Ils/Elles	parlent

1

Particularités des verbes du 1ᵉʳ groupe

Certains verbes du 1ᵉʳ groupe changent parfois de radical.

S'appeler			
Je	m'*appelle	Nous	nous* appelons
Tu	t'*appelles	Vous	vous* appelez
Il/Elle	s'*appelle	Ils/Elles	s'*appellent

Attention ! Le verbe *s'appeler* double le *l* devant les terminaisons muettes *-e, -es, -ent*.

✱ *Me*, *te*, *se*, *nous*, *vous*, *se* sont des **pronoms réfléchis**. On les emploie avec les **verbes pronominaux**.

▶ Vol.2, Unité 1

12 Trouve les verbes du 1ᵉʳ groupe dans les dialogues de la page 10. Écris leur infinitif.

13 Conjugue les verbes au présent de l'indicatif.

1 *Jouer*
 Je … Nous …
 Tu … Vous …
 Il/Elle … Ils/Elles …

2 *Parler*
 Je … Nous …
 Tu … Vous …
 Il/Elle … Ils/Elles …

3 *Pratiquer*
 Je … Nous …
 Tu … Vous …
 Il/Elle … Ils/Elles …

4 *S'appeler*
 Je … Nous …
 Tu … Vous …
 Il/Elle … Ils/Elles …

5 *Regarder*
 J' … Nous …
 Tu … Vous …
 Il/Elle … Ils/Elles …

14 Complète les phrases avec le pronom sujet qui convient. Parfois, plusieurs solutions sont possibles.

1 … regarde la télé.
2 … écoutons des chansons.
3 … parle bien allemand.
4 … invitez Philippe et Martine.
5 … aimes danser ?
6 … accompagne les enfants à l'école.
7 … m'appelle Julien.
8 … détestent le basket.

15 *Passer*, *aimer*, *chercher*, *présenter* et *détester* sont des verbes du 1ᵉʳ groupe. Conjugue ces verbes au présent de l'indicatif.

16 Complète chaque verbe avec la terminaison qui convient.

1 Comment tu t'appell… ?
2 Vous jou… au tennis ?
3 Je regard… un film.
4 Nous invit… Clotilde.
5 Tu aim… la danse classique ?
6 Elle chant… une chanson.
7 Nous pass… une semaine à Paris.
8 Je m'appell… Lucie.

17 Conjugue les verbes entre parenthèses au présent de l'indicatif.

1 **A :** Tu (*parler*) … espagnol ?
 B : Non, je (*parler*) … anglais, et toi ?
 A : Je (*parler*) … allemand.

2 **A :** C'(*être*) … qui ?
 B : C'(*être*) … le nouveau professeur de musique.
 A : Comment il (*s'appeler*) … ?
 B : Fabien Rolland.

3 **A :** Vous (*habiter*) … à Paris ?
 B : Non, nous (*habiter*) … à Grenoble.
 A : Vous (*être*) … en vacances ?
 B : Oui, nous (*être*) … en vacances.

Phonétique

Pour compter

0	zéro	11	onze
1	un	12	douze
2	deux	13	treize
3	trois	14	quatorze
4	quatre	15	quinze
5	cinq	16	seize
6	six	17	dix-sept
7	sept	18	dix-huit
8	huit	19	dix-neuf
9	neuf	20	vingt
10	dix		

1 Écoute l'enregistrement et indique le nombre que tu entends.

1. a 1   b 11   c 2
2. a 8   b 18   c 6
3. a 2   b 12   c 10
4. a 7   b 16   c 5
5. a 12   b 13   c 2
6. a 20   b 18   c 19

2 Écoute l'enregistrement et indique l'adresse que tu entends.

1. J'habite 13, rue Pasteur.
2. J'habite 13, place Pasteur.
3. J'habite 12, rue Pasteur.

3 Écoute l'enregistrement et écris les nombres que tu entends.

1. …   4. …
2. …   5. …
3. …   6. …

4 Écoute l'enregistrement et écris le numéro de téléphone de chaque personnage.

1. …   3. …
2. …   4. …

L'alphabet

A comme Anatole	M comme Marcel
B comme Berthe	N comme Nicolas
C comme Célestin	O comme Oscar
D comme Désiré	P comme Pierre
E comme Eugène	Q comme Quentin
É comme Émile	R comme Raoul
È comme Ève	S comme Suzanne
F comme François	T comme Thérèse
G comme Gaston	U comme Ursule
H comme Henri	V comme Victor
I comme Irma	W comme William
J comme Joseph	X comme Xavier
K comme Kléber	Y comme Yvonne
L comme Louis	Z comme Zoé

5 Écoute l'enregistrement et écris les mots que tu entends.

1. …   4. …
2. …   5. …
3. …   6. …

6 À toi de jouer ! Écris ton nom et ton prénom, puis épelle-les.

7 Écoute l'enregistrement et indique le mot que tu entends.

1. a maire   b mère
2. a paire   b père
3. a livre   b libre
4. a pin   b fin
5. a génois   b genoux
6. a bibelot b biberon
7. a otarie   b autarcie
8. a étendre b éteindre

Civilisation

La francophonie

Le français est une langue d'origine latine comme l'italien, l'espagnol, le portugais et le roumain. On parle français en France métropolitaine et dans d'autres pays européens : en Belgique, au Luxembourg, en Suisse. Le français est aussi parlé outre-mer : à la Réunion, à la Martinique, en Guadeloupe, en Guyane… On parle aussi français partout dans le monde : en Afrique (Maroc, Tunisie, Sénégal…), en Asie (Vietnam, Cambodge), en Amérique du Nord et du Sud (Canada, Guyane Française).

Dans les anciennes colonies françaises, conséquence de l'expansion coloniale, la langue française reste la deuxième langue officielle ou la langue étrangère la plus parlée.

- ■ **Pays ou régions où le français est langue officielle et maternelle :** France, Monaco, Québec, Guyane, Haïti.
- ■ **Pays ou régions où le français est langue officielle ou administrative :** Belgique, Luxembourg, Suisse, Canada, Mauritanie, Mali, Niger, Congo, Rép. démocratique du Congo, Madagascar.
- ■ **Pays où le français est langue d'enseignement privilégiée :** Algérie, Maroc, Tunisie, Égypte, Liban, Laos, Cambodge, Pologne, Roumanie, Vallée d'Aoste.
- ○ **Îles où le français est langue officielle et/ou maternelle :** Seychelles, Nouvelle-Calédonie, Polynésie française, Guadeloupe.

UNITÉ 1 — Civilisation

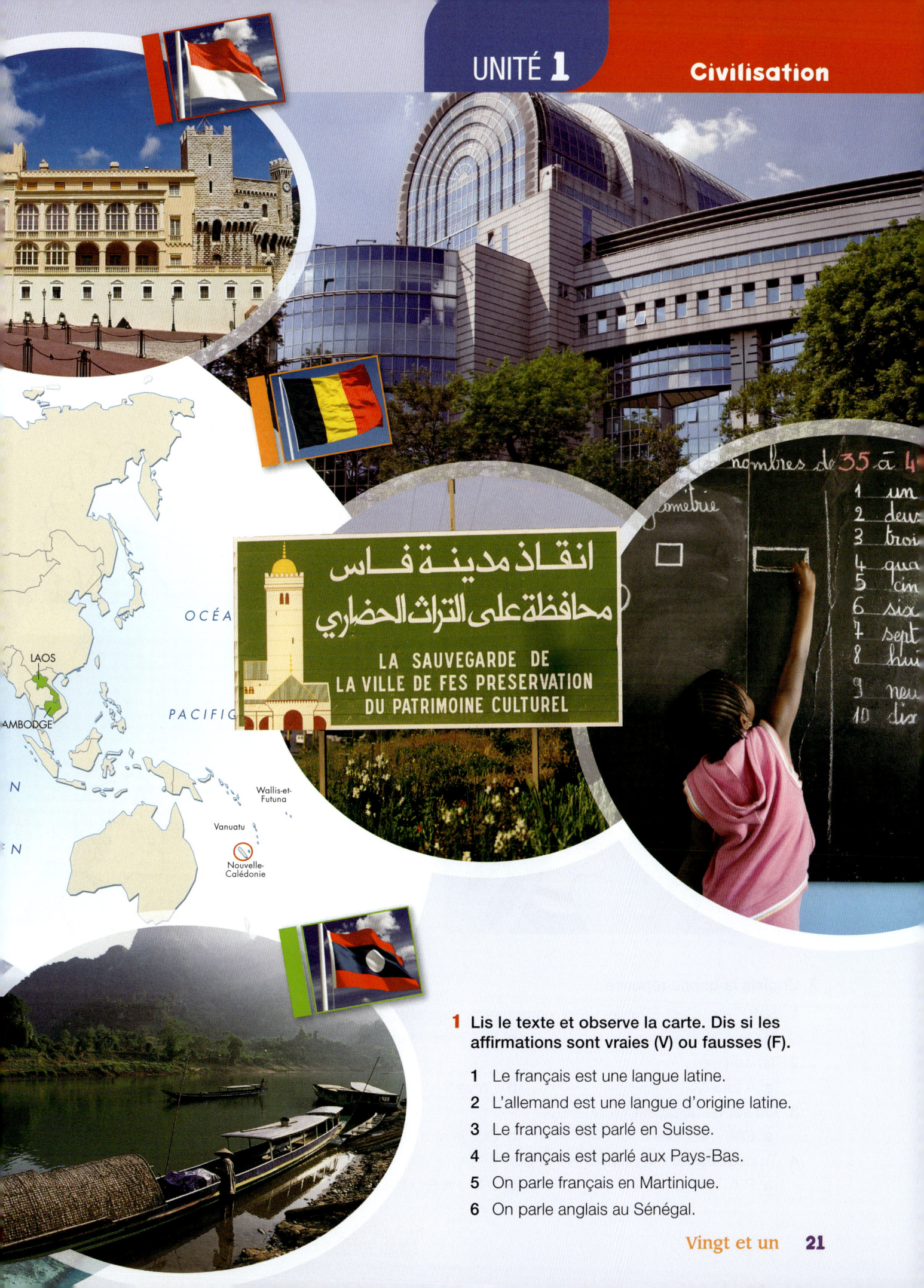

1 Lis le texte et observe la carte. Dis si les affirmations sont vraies (V) ou fausses (F).

1. Le français est une langue latine.
2. L'allemand est une langue d'origine latine.
3. Le français est parlé en Suisse.
4. Le français est parlé aux Pays-Bas.
5. On parle français en Martinique.
6. On parle anglais au Sénégal.

Vingt et un 21

1
Atelier

1 Associe chaque phrase au dessin correspondant.

[a Non, je suis belge.   b Je m'appelle Julie. Et toi ?
c Oui, merci madame. Ça va.   d Oui, merci monsieur Leblanc. Ça va.]

1. Salut ! Comment tu t'appelles ?

2. Tu es française ?

3. Bonjour Sophie. Ça va ?

4. Bonjour Maxime. Tu vas bien ?

2 Choisis la bonne réponse.

1 Salut, moi c'est Étienne. Et toi, comment tu t'appelles ?
   a Je suis espagnol.   b Moi, c'est Marion.   c Ça va, et toi ?
2 Tchao Lise !
   a À plus !   b Ça va ?   c Oui, un peu.
3 Qu'est-ce que c'est ?
   a Elle, c'est Léa !   b Oui, je suis italien.   c C'est un crayon.
4 Tu peux épeler ton prénom, s'il te plaît ?
   a P A T R I C I A.   b D U J A R D I N.   c 5, rue des Alpes.

UNITÉ 1 — Atelier & Certification

Certification

DELF A1 Compréhension de l'oral   durée 20 minutes   note ..... /25

Vous allez entendre quatre enregistrements correspondant à quatre documents différents.
Pour chaque document, vous aurez :
- 30 secondes pour lire les questions ;
- une première écoute, puis 30 secondes de pause pour commencer à répondre aux questions ;
- une deuxième écoute, puis 30 secondes de pause pour compléter vos réponses..

Document n° 1

1	La fille s'appelle	a Dupont.	b Dutronc.	c Dumont.	2 points
2	Elle est	a suisse.	b française.	c belge.	2 points
3	Elle est de	a Florence.	b Nice.	c Bruxelles.	2 points
4	Elle a	a 14 ans.	b 13 ans.	c 11 ans.	2 points

Document n° 2

1 C'est la messagerie vocale
   a d'un magasin.   b d'un cinéma.   c d'un bureau.   **2 points**

2 Le numéro est le
   a 03 06 19 02 11.   b 04 20 16 03 12.   c 04 15 12 10 18.   **3 points**

Document n° 3

1 Les personnages de ce dialogue s'appellent
   a Lucas, Julien, Martine.   b Lucas, Julien, Marie.   c Lucas, Marie, Justine.   **2 points**

2 La fille est
   a la sœur   b la cousine   c la correspondante
   de Julien.   **2 points**

3 Elle vient
   a de Suisse.   b de Belgique.   c du Canada.   **2 points**

4 Elle est de
   a Liège.   b Lausanne.   c Montréal.   **2 points**

Document n° 4

1 Les personnages s'appellent
   a Julie et Maxime.   b Émilie et Pauline.   c Maxime et Émilie.   **2 points**

2 Ils ont un contrôle
   a de français.   b de biologie.   c d'allemand.   **2 points**

UNITÉ 2

OBJECTIFS
- Demander l'âge et répondre
- Demander à quelqu'un d'où il vient et répondre
- Demander à quelqu'un confirmation de sa nationalité
- Parler des matières scolaires et de l'emploi du temps
- Demander à quelqu'un ses préférences et répondre
- Exprimer l'enthousiasme

Devant le collège

Manon : Qu'est-ce que tu as aujourd'hui ?
Quentin : J'ai deux heures de maths, une heure d'anglais, deux heures de sport et deux heures de technologie. Et toi ?
Manon : Tu as une journée chargée ! Moi, j'ai cinq heures de cours. Maintenant, je vais en anglais : j'ai un contrôle...
Quentin : Ma pauvre ! Tu n'as vraiment pas de chance !
Manon : Oui... En plus, je déteste l'anglais ! Ça sonne... À plus !
Quentin : Tchao !

Au réfectoire

Pauline : Salut Abou.
Abou : Salut Pauline. Tu connais Lukas ? Il est en classe avec moi.
Pauline : Non. Salut Lukas. Quel âge as-tu ?
Lukas : J'ai treize ans.
Abou : Tu sais, Pauline, Lukas n'est pas français.
Pauline : Tu viens d'où ?
Lukas : Je viens d'Autriche.
Pauline : Tu es autrichien ?! Tu parles bien français !
Lukas : C'est normal : mon père est autrichien, mais ma mère est française. À la maison, je parle allemand et français.
Pauline : C'est génial ! Tu habites en France maintenant ?
Lukas : Oui. Mon père travaille ici pendant un an.

UNITÉ 2 — Dialogue

Compréhension orale

1 Écoute les enregistrements des dialogues. Dis si les affirmations sont vraies (V) ou fausses (F).

Devant le collège
1. Aujourd'hui, Quentin a sept heures de cours.
2. Aujourd'hui, Quentin a deux contrôles.
3. Quentin a deux heures d'anglais et deux heures de maths.
4. Quentin a deux heures de sport.
5. Manon a un contrôle d'anglais.
6. Manon adore l'anglais.

Au réfectoire
1. Abou présente Lukas à Pauline.
2. Lukas est le cousin d'Abou.
3. Lukas a quinze ans.
4. Lukas est suisse.
5. Le père de Lukas est français.
6. La mère de Lukas est française.

Entre AMIS
Ma pauvre !
À plus !
Génial !

Compréhension écrite

2 Lis le dialogue *Devant le collège*. Indique quels cours ont Quentin et Manon.

	Quentin	Manon
Maths		
Anglais		
Français		
Sport		
Technologie		
Histoire-Géo		

3 Lis le dialogue *Au réfectoire* et réponds aux questions.
1. Où se déroule la scène ?
2. Combien il y a de personnages ?
3. Comment s'appellent les personnages ?
4. De quel pays vient le père de Lukas ?
5. Combien de langues sait parler Lukas ?
6. Combien de temps Lukas reste en France ?

À l'oral

4 Regarde les dessins et décris-les avec les mots que tu connais.

5 Par groupes de trois, répétez le dialogue *Au réfectoire.* Modifiez les informations personnelles.

6 Par groupes de deux, regardez votre emploi du temps. Posez-vous des questions à l'aide des phrases proposées.

Qu'est-ce que tu as lundi ? Quelles matières tu as jeudi ?
Tu as cours le mercredi matin ? Tu as un contrôle de français vendredi ?

Lexique

Le tour du monde

EN AMÉRIQUE
Au Canada
Aux États-Unis
Au Mexique
Au Brésil

EN EUROPE
En Angleterre
En Irlande
En France
En Allemagne
Au Portugal
En Espagne
En Italie
En Turquie
En Grèce

EN ASIE
En Russie
En Chine
Au Japon

EN AFRIQUE
Au Maroc
En Algérie
Au Sénégal
En Égypte
En Tunisie

EN OCÉANIE
En Australie

EN ANTARCTIQUE

p. 72, 88

1 Écoute l'enregistrement et écris le nom des pays que tu entends.

1 …   2 …   3 …   4 …
5 …   6 …   7 …   8 …

2 Observe les dessins et écris la nationalité de chaque sportif. Choisis parmi les nationalités proposées.

[allemand   brésilien   irlandais   chinois   français
  italien   marocain   portugais   sénégalais]

1 Il est…  .   2 Il est…  .   3 Il est… .

4 Il est…  .   5 Il est…  .   6 Il est… .

UNITÉ 2 — Lexique

L'emploi du temps de Pauline

	Lundi	Mardi	Mercredi	Jeudi	Vendredi
8h00 - 9h00	Maths	Français	Étude	Français	E.P.S.
9h00 - 10h00	Histoire-Géo	S.V.T.	Anglais	Histoire-Géo	E.P.S.
10h00 - 10h15	Récré	Récré	Récré	Récré	Récré
10h15 - 11h15	Étude	Histoire-Géo	E.P.S.	Anglais	Physique
11h15 - 12h15	Anglais	Arts plastiques	E.P.S.	Français	Maths
12h15 - 13h30	Réfectoire	Réfectoire	Réfectoire	Réfectoire	Réfectoire
13h30 - 14h30	S.V.T.*	Techno	Pas cours	Maths	Éducation musicale
14h30 - 15h30	Étude	Techno	Pas cours	Français	Anglais
15h30 - 15h45	Récré	Récré		Récré	Récré
15h45 - 16h45	Français	Maths		Étude	Étude

* La matière *S.V.T.* est aussi appelée *biologie*.

3 Observe l'emploi du temps de Pauline. Les Français utilisent très souvent les abréviations et les sigles. Cherche la signification de *S.V.T.* et d'*E.P.S.*, puis écris en entier les mots abrégés suivants : *géo*, *maths*, *récré* et *techno*.

1. S.V.T.
2. Géo
3. E.P.S.
4. Maths
5. Récré
6. Techno

4 Écris ton emploi du temps en français sur le modèle de celui de Pauline.

Joue avec les mots !

5 Trouve les matières scolaires cachées derrière ces définitions.

1. Elle permet de découvrir et de comprendre les événements du passé.
2. Cette matière, plutôt compliquée, se base sur les nombres, les figures et les volumes.
3. Rugby, ping-pong, basket, saut en hauteur... Voici quelques-unes des disciplines que cette matière enseigne.
4. Elle permet de découvrir des pays... sans se déplacer !
5. On l'appelle aussi *biologie* ou *sciences naturelles*.
6. Tu sais dessiner, peindre, découper et coller ? Alors cette matière est parfaite pour toi !

6 Trouve les pays cachés derrière ces anagrammes !

1. ATLIEI
2. ANSEPGE
3. OÈRVGNE
4. AMELLGENA
5. ESURIS
6. XEIMQEU

Communication

Demander l'âge et répondre
- Tu as quel âge ?
- J'ai treize ans. Et toi, quel âge as-tu ?
- J'ai quatorze ans.

Demander à quelqu'un d'où il vient et répondre
- Tu viens d'où ?
- Je viens de Madrid. Je suis espagnol. Et toi, tu viens d'Irlande ?
- Oui, je suis de Dublin.

Demander à quelqu'un confirmation de sa nationalité
- Tu es allemand ?
- Oui, je suis allemand. Et toi, tu es allemand ?
- Non, je ne suis pas allemand. Je suis autrichien.

Entre AMIS
Tu as quel âge ?
Tu viens d'où ?

1 Complète le dialogue avec les phrases proposées.

[Je m'appelle Julio.   Tu viens d'où exactement ?
Quel âge as-tu ?   Moi, j'ai treize ans.
Oui, elle s'appelle Isabelle. Elle est jolie, n'est-ce pas ?]

Thomas : Comment tu t'appelles ?
Julio : 1 …
Thomas : 2 …
Julio : J'ai douze ans, et toi ?
Thomas : 3 … . Tu es espagnol ?
Julio : Oui.
Thomas : 4 …
Julio : Je viens de Barcelone. Dis donc, tu connais la fille là-bas ?
Thomas : 5 …

UNITÉ 2 — Communication

Parler des matières scolaires et de l'emploi du temps

— Qu'est-ce que tu as aujourd'hui ?
— Aujourd'hui, j'ai deux heures d'anglais. Ensuite, j'ai une heure de biologie.
— Et demain ?
— J'ai un contrôle de maths et après, une heure d'étude.

Demander à quelqu'un ses préférences et répondre

Exprimer l'enthousiasme

— Vous aimez le cinéma ?
— Oui, beaucoup. J'aime surtout les films d'horreur.
— Oui, un peu.
— Pas du tout !
— C'est super ! C'est génial ! C'est cool !

2 Complète les phrases librement.

1 …, c'est génial !   2 …, c'est super !   3 …, c'est cool !

3 Complète les mini-dialogues avec *beaucoup*, *un peu* ou *pas du tout*.

1 **A :** Tu aimes les films d'horreur ?   **B :** …, ils me font peur.
2 **A :** Tu aimes la chimie ?   **B :** …, mais je préfère la biologie.
3 **A :** Tu aimes l'histoire ?   **B :** Oui, …, c'est ma matière préférée.

PÊLE-MÊLE

4 Tu veux connaître la nationalité d'un nouveau camarade. Qu'est-ce que tu dis ?

a Tu aimes l'allemand, n'est-ce pas ?
b Tu parles allemand, n'est-ce pas ?
c Tu es allemand, n'est-ce pas ?

À l'oral

5 Mets les phrases dans l'ordre pour reconstruire le dialogue. Ensuite, par groupes de deux, jouez le dialogue.

a J'ai treize ans.
b Tu parles bien français !
c Je m'appelle Brenda.
d Je suis américaine. Je viens de San Francisco.
e Oui, ma mère est française.
f Tu viens d'où, Brenda ?
g Salut ! Comment tu t'appelles ?
h Tu as quel âge ?

Vingt-neuf

2

Grammaire

Les pronoms personnels toniques

(je) moi	(nous) nous
(tu) toi	(vous) vous
(il/elle) lui/elle	(ils/elles) eux/elles

On emploie ces pronoms pour **renforcer** les **pronoms personnels sujets**.

*Tu t'appelles comment, **toi** ?*
***Moi**, je m'appelle Thomas.*

*D'où ils viennent, **eux** ?*
***Lui**, il vient de Belgique, et **elle**, elle vient de Suisse.*

1 Trouve les pronoms personnels toniques dans les dialogues de la page 24.

2 Complète les phrases avec le pronom personnel tonique qui convient.
1. Comment tu t'appelles, … ?
2. …, je fais de la danse.
3. Vous habitez à Lyon, … ?
4. …, ils sont en classe avec nous.
5. …, elle déteste les maths.
6. …, nous adorons la biologie.

La forme négative (1)

Sujet + ***ne**** + verbe + **pas**

Pour construire la phrase négative, on place ***ne**** devant le verbe et **pas** après le verbe.

Il déteste la biologie.
→ *Il **ne** déteste **pas** la biologie.*
Elle vient du Portugal.
→ *Elle **ne** vient **pas** du Portugal.*
Nous aimons le chocolat.
→ *Nous **n'**aimons **pas** le chocolat.*

✱ **Ne** s'élide devant une **voyelle** ou un **h muet**.

3 Trouve les phrases négatives dans les dialogues de la page 24.

4 Transforme les phrases à la forme négative.
1. Je joue au rugby.
2. Elle aime la géographie.
3. Nous habitons à Marseille.
4. Il a quatorze ans.
5. Ils parlent espagnol.
6. Vous venez de Berlin.

La forme interrogative

La forme interrogative se construit de **trois façons** différentes :

– avec l'**intonation montante**.

Tu es belge ?   Tu habites à Paris ?

– avec l'**inversion sujet-verbe**.
Cette forme est surtout utilisée dans la langue soutenue.

***Es-tu** belge ?   **Habites-tu** à Paris ?*

– en mettant ***est-ce que*** devant le sujet. ***Est-ce que*** s'emploie aussi bien à l'écrit qu'à l'oral (dans un registre un peu moins familier par rapport à l'intonation).

***Est-ce que** tu es belge ?*
***Est-ce que** tu habites à Paris ?*

Pronoms et adverbes interrogatifs

Qui… ?	*Quand… ?*
Qu'est-ce que… ?	*Où… ?*
Comment… ?	*D'où… ?*

Adjectifs interrogatifs

Quel/Quelle ?	*Quels/Quelles ?*

On construit la forme interrogative en mettant l'**adverbe**, l'**adjectif** ou le **pronom interrogatif** en début de phrase, suivis ou pas de ***est-ce que*** ou de **l'inversion sujet-verbe**.

Quel âge elle a ?
Quel âge est-ce qu'elle a ?
Quel âge a-t*-elle ?

Dans la langue courante, surtout parlée, on place l'**adverbe en fin de phrase**.

*Tu t'appelles **comment** ? Vous partez **quand** ?*

✱ Pour des raisons de prononciation, on intercale un **t euphonique** entre le verbe et le pronom à la troisième personne du singulier quand le verbe se termine par un **e** ou un **a**.

UNITÉ 2 — Grammaire

5 Dis quelles sont les phrases des dialogues de la page 24 qui finissent par un « ? ».

6 Écoute l'enregistrement et dis s'il s'agit d'une question (Q) ou d'une affirmation (A).

1. Q A   4. Q A
2. Q A   5. Q A
3. Q A   6. Q A

7 Écoute de nouveau l'enregistrement de l'exercice 6 et écris les phrases que tu entends. Fais attention à la ponctuation !

8 Transforme les phrases à la forme interrogative avec *est-ce que*.

1. Il est professeur de biologie.
2. Nous avons une interrogation d'allemand demain.
3. Tu connais Thomas.
4. Elle vient à l'école aujourd'hui.
5. Vous avez un dictionnaire d'anglais.
6. Ils jouent au volley-ball.

9 Récris les phrases interrogatives avec les deux formes qui manquent.

1. Vous êtes d'accord ?
2. Aimez-vous l'histoire et la géographie ?
3. Est-ce que tu parles anglais ?
4. Vous venez de Paris ?
5. Est-ce que vous connaissez Marine ?
6. Sont-ils américains ?

10 Complète les questions avec *comment*, *d'où*, *quand* ou *quel*.

1. … âge as-tu ?
   J'ai quatorze ans.
2. … venez-vous ?
   De Londres. Nous sommes anglais.
3. … est-ce que tu as une interrogation d'histoire ?
   Vendredi.
4. … tu t'appelles ?
   Je m'appelle Cédric.

Les adjectifs possessifs

Singulier		Pluriel
Masculin	Féminin	Masculin et féminin
mon	ma	mes
ton	ta	tes
son	sa	ses
notre		nos
votre		vos
leur		leurs

mon dictionnaire → mes dictionnaires
ma gomme → mes gommes

Mon, *ton*, *son* remplacent *ma*, *ta*, *sa* devant les mots féminins qui commencent par une **voyelle** ou un **h muet**.

mon <u>é</u>cole   ton <u>h</u>abitation

11 Trouve les adjectifs possessifs dans les dialogues de la page 24. Indique leur genre et leur nombre.

12 Choisis l'adjectif possessif qui convient.

1. Elle adore la natation.
   La natation est a) mon b) son c) sa sport préféré.
2. Nous avons des amis grecs.
   a) Vos b) Leurs c) Nos amis sont grecs.
3. Ils ont des professeurs sévères.
   a) Ses b) Nos c) Leurs professeurs sont sévères.
4. J'ai un cartable noir.
   a) Mon b) Ton c) Notre cartable est noir.
5. J'aime beaucoup la lecture.
   a) Mon b) Ma c) Mes activité préférée est la lecture.
6. Tu as un beau chat.
   a) Mon b) Ton c) Tes chat est beau.
7. Vous avez une grande maison.
   a) Vos b) Votre c) Ta maison est grande.
8. Ils ont un cousin russe.
   a) Leur b) Son c) Leurs cousin est russe.

Trente et un **31**

La formation du féminin (2)

Règle générale ▶ p. 17

Exceptions

- Si le nom ou l'adjectif se termine par *-e* au masculin, sa forme **ne change pas** au féminin.

  Un élève → *Une élève*
  Il est suisse. → *Elle est suisse.*

- Si le nom ou l'adjectif se termine par *-en* au masculin, **on double la consonne finale** avant d'ajouter un *e* au féminin.

  Tunisien → *Tunisienne*
  Il est musicien. → *Elle est musicienne.*

Cas particuliers

turc → *turque*   *grec* → *grecque*

13 Trouve les adjectifs au féminin dans les dialogues de la page 24. Ensuite, transforme ces adjectifs au masculin.

14 Écris l'adjectif de nationalité au féminin.

1. allemand
2. russe
3. canadien
4. marocain
5. espagnol
6. japonais
7. norvégien
8. grec
9. irlandais
10. autrichien
11. polonais
12. indien

Le présent de l'indicatif du verbe *avoir*

Avoir est un verbe qui peut être utilisé **seul** ou avec d'**autres verbes** pour former les temps composés : il est alors **auxiliaire**.

Attention ! Comme tous les autres verbes français, il est **toujours** précédé d'un **sujet**.

*Zoé **a** quatorze ans.*
*Nous **avons** un contrôle.*

Avoir

J'	ai	Nous	avons
Tu	as	Vous	avez
Il/Elle	a	Ils/Elles	ont

15 À quelles personnes est conjugué le verbe *avoir* dans les dialogues de la page 24 ?

16 Complète les phrases avec le verbe *avoir*.

1. J'… un chat et une tortue.
2. Il … six ans.
3. Ils … tort.
4. Quel âge …-vous ?
5. Tu … un chien ?
6. Elle … un frère ?

Le présent de l'indicatif des verbes du 3ᵉ groupe

Tous les verbes du 3ᵉ groupe sont **irréguliers**, mais ils sont très utilisés. Il faut donc bien les apprendre !

Aller

Je	vais	Nous	allons
Tu	vas	Vous	allez
Il/Elle	va	Ils/Elles	vont

Venir

Je	viens	Nous	venons
Tu	viens	Vous	venez
Il/Elle	vient	Ils/Elles	viennent

17 À quelle personne sont conjugués les verbes *aller* et *venir* dans les dialogues de la page 24 ?

18 Conjugue les verbes entre parenthèses au présent de l'indicatif.

1. Je (aller) … à la piscine.
2. Nous (venir) … chez vous demain.
3. Comment (aller) …-tu ?
4. D'où (venir) …-il ?
5. Mes amis (aller) … au cinéma.
6. Vous (aller) … à Nice ?

UNITÉ 2 — **Grammaire & Phonétique**

Phonétique

Pour compter

21	vingt et un	29	vingt-neuf
22	vingt-deux	30	trente
23	vingt-trois	31	trente et un
24	vingt-quatre	32	trente-deux...
25	vingt-cinq	40	quarante...
26	vingt-six	41	quarante et un
27	vingt-sept	50	cinquante...
28	vingt-huit	60	soixante...

1 Écoute l'enregistrement et indique le nombre que tu entends.

1. a 7 · b 17 · c 27
2. a 15 · b 5 · c 35
3. a 21 · b 31 · c 51
4. a 28 · b 48 · c 18
5. a 2 · b 12 · c 10
6. a 14 · b 24 · c 4
7. a 16 · b 17 · c 27
8. a 34 · b 44 · c 54

2 Écoute l'enregistrement et indique l'âge de chaque personnage.

Julie a 25 b 65   Monique a 65 b 35
Laurent a 40 b 30   Anthony a 24 b 44

L'accent tonique

En français, l'accent tonique tombe sur la **dernière syllabe** prononcée.

Salut ! Bonjour ! Génial ! Métro Papa Anglais Australien climat Paris oubli

Quand la **finale est muette**, c'est-à-dire que le mot se termine par **-e**, **-es** ou **-ent** (uniquement lorsque c'est une terminaison verbale), l'accent tombe donc sur l'**avant-dernière syllabe écrite** (mais qui reste la dernière syllabe prononcée).

Suisse physique histoire tu danses ils étudient elles parlent Yves Rome

3 Lis les mots. Attention à l'accent tonique !

1. Italie   6. panorama
2. bravo   7. hôtel
3. papa   8. parti
4. menu   9. beaucoup
5. lundi   10. cinéma

L'accent orthographique (1)

L'accent orthographique, c'est-à-dire celui qui **s'écrit**, peut être :

- **aigu** : on le trouve **uniquement** sur le **e**.
  vélo   étude
- **grave** : on le trouve sur le **a**, le **e** et le **u**.
  à   père   où
- **circonflexe** : on le trouve sur **toutes les voyelles**, sauf le **y**.
  gâteau   fenêtre   gîte   rôle   août

4 Écoute l'enregistrement et mets un accent aigu ou grave là où c'est nécessaire.

1. athlete   8. deuxieme
2. pere   9. vipere
3. mathematiques 10. amere
4. creme   11. repere
5. sante   12. chevre
6. merite   13. elephant
7. fidele   14. charite

5 Trouve les mots suivants dans le dictionnaire et indique leur accent.

1. abonne   8. epreuve
2. apparaitre   9. ere
3. boite   10. etiquette
4. cafe   11. fantome
5. cone   12. fidele
6. congres   13. fievre
7. editeur   14. gout

Trente-trois 33

2 Civilisation

BIENVENUE en FRANCE !

Le Mont-Saint-Michel, en Normandie.

Les châteaux de la Loire se trouvent sur les rives du plus long fleuve français... la Loire !

Les arènes de Nîmes, en Languedoc-Roussillon.

La Corse et ses belles plages.

UNITÉ 2 — Civilisation

1 Associe chaque image à la définition correspondante.

Strasbourg et le Parlement européen, en Alsace.

Nice, ville de la Côte d'Azur, et sa célèbre Promenade des Anglais.

A
B
C
D
E
F

1. Le drapeau français : bleu, blanc et rouge.
2. L'Hexagone, pour la forme géométrique du pays.
3. « Liberté, égalité, fraternité », la devise de la France.
4. Marianne, buste de femme qui se trouve dans les mairies de France. Son profil est aussi dessiné sur les timbres de la Poste. Voici quelques femmes qui ont prêté leur visage à Marianne : Brigitte Bardot, Catherine Deneuve, Laetitia Casta…
5. Le coq, symbole de la France.
6. La Marseillaise, l'hymne national de la France.

Trente-cinq 35

2 Atelier

1 Écoute l'enregistrement du dialogue.

Pauline : Salut Sonia ! Ça va ?
Sonia : Ça va, merci. Et toi, Pauline ?
Pauline : Ça va. Tu connais Chloé ? Sonia, elle, c'est Chloé, elle fait de la danse avec moi. Sonia est mon amie italienne.
Sonia : Salut Chloé !
Chloé : Salut ! Tu viens d'où ?
Sonia : De Rome.
Chloé : Tu fais de la danse toi aussi ?
Sonia : Non, mais j'adore la danse !
Chloé : Tu parles bien français... Vous êtes dans la même classe ?
Sonia : Oui.
Pauline : Au fait, Sonia, tu viens voir notre spectacle demain ?
Sonia : Oui, bien sûr !
Pauline : C'est super !

2 Associe chaque réponse à la question correspondante.

1. Est-ce que Chloé et Pauline jouent au volley-ball ?
2. Qui est Sonia ?
3. D'où vient-elle ?
4. Est-ce que Sonia fait de la danse ?
5. Est-ce que Sonia aime la danse ?
6. Est-ce que Pauline et Sonia sont dans la même classe ?
7. Est-ce que Chloé et Pauline ont un spectacle aujourd'hui ?
8. Est-ce que Sonia va voir le spectacle ?

a. Oui, elle aime beaucoup la danse.
b. Oui, elle va voir le spectacle.
c. C'est l'amie italienne de Pauline.
d. Elle vient de Rome.
e. Non, elles ont un spectacle le lendemain.
f. Oui, elles sont dans la même classe.
g. Non, elles font de la danse.
h. Non, elle ne fait pas de danse.

Certification

DELF A1 Compréhension des écrits   durée 30 minutes   note ..... /25

Vous allez lire trois documents concernant des situations de la vie quotidienne. Vous avez 30 minutes à votre disposition pour répondre aux questionnaires de compréhension.

Document n° 1

Regardez l'emploi du temps de Damien, un élève français, et répondez aux questions.

	Lundi	Mardi	Mercredi	Jeudi	Vendredi
8h-9h	Maths	Français	Étude	Français	E.P.S.
9h-10h	Histoire-Géo	S.V.T.	Anglais	Histoire-Géo	E.P.S.
10h-11h	Français	Histoire-Géo	E.P.S.	Anglais	Étude
11h-12h	Anglais	Arts plastiques	E.P.S.	Français	Maths
	Réfectoire	Réfectoire		Réfectoire	Réfectoire
14h-15h	S.V.T.	Technologie		Maths	Éd. musicale
15h-16h	Étude	Technologie		Physique	Anglais
16h-17h	Étude	Maths			

1 Damien apprend une langue étrangère : l'… .   1 point
2 Il n'a pas cours l'après-midi du … .   1 point
3 Il a … heures de technologie par semaine.   1 point
4 Il déjeune au réfectoire … jours par semaine : le …, le …, le … et le … . 4 points
5 Damien a cours de S.V.T. le … de … à …, et le … de … à … .   6 points

Document n° 2

Léa reçoit ce mail.

> Salut !
> Jeudi à partir de cinq heures, j'organise une fête pour mon anniversaire, dans mon jardin. Apportez vos CD préférés, nous allons danser !
> À bientôt.
> Sonia

1 Sonia écrit ce mail
   a uniquement à Léa.   b à tous ses amis.   2 points
2 Les amis de Sonia peuvent apporter des
   a CD.   b pizzas.   2 points
3 La fête est
   a la nuit.   b l'après-midi.   2 points

Document n° 3

La mère de Léa laisse ce message à sa fille. Dites si les affirmations sont vraies (V) ou fausses (F).

> *Je vais chez Sandra. Je rentre vers six heures. Rappelle Sonia, s'il te plaît. Elle veut savoir si tu vas à sa fête jeudi.*
> *À plus tard. Bisous. Maman*

1 La mère de Léa doit aller chez Sandra.   2 points
2 Léa doit téléphoner à Sonia.   2 points
3 Sonia organise une fête samedi.   2 points

UNITÉ 3

OBJECTIFS
- Répondre au téléphone et se présenter
- S'informer sur la présence de quelqu'un
- Inviter quelqu'un
- Demander et donner des explications
- Demander à quelle heure et répondre
- Accepter ou refuser une invitation

Un coup de fil

Mère : Allô ?
Manon : Bonjour madame. C'est Manon. Pauline est là, s'il vous plaît ?
Mère : Oui, un instant... Pauline, c'est Manon au téléphone...
Manon : Salut Pauline. Comment ça va ?
Pauline : Bien, merci. Et toi ? Ça va ?
Manon : Oui. Qu'est-ce que tu fais dimanche après-midi ?
Pauline : Je ne sais pas. Pourquoi ?
Manon : Parce que nous allons jouer au bowling.
Pauline : Cool ! Qui vient ?
Manon : Il y a Lisa, Saïda, Abou, Kevin et Quentin.
Pauline : Quentin ! Il est sympa, il est grand, il a les yeux marron, les cheveux bruns et il est beau !
Manon : Toi, tu es amoureuse !
Pauline : Tu dis n'importe quoi !
Manon : Il y a aussi Mathis.
Pauline : C'est qui ?
Manon : C'est un ami de Quentin. Il a les yeux verts, il est blond, petit, sportif et il joue très bien au bowling. Bon, tu peux venir alors ?
Pauline : Oui. À quelle heure ?
Manon : À quatre heures.
Pauline : Très bien, à dimanche !

UNITÉ 3 Dialogue

Compréhension orale

1 Écoute l'enregistrement du dialogue. Dis si les affirmations sont vraies (V) ou fausses (F).

1. Manon téléphone à Pauline.
2. Manon propose à Pauline d'aller au bowling.
3. Elles vont au bowling toutes seules.
4. Quentin a les yeux bleus.
5. Pauline déteste Quentin.
6. Mathis joue très bien au bowling.
7. Saïda ne va pas jouer au bowling.
8. Le rendez-vous est à quatre heures.

2 Écoute de nouveau le dialogue et choisis la bonne réponse.

1. [a] Pauline [b] La mère de Pauline répond au téléphone.
2. Pauline [a] va bien [b] ne va pas bien.
3. Manon propose de sortir [a] samedi [b] dimanche.
4. Quentin est [a] sympa [b] méchant.
5. Quentin est [a] grand [b] petit.
6. Mathis est un ami de [a] Quentin [b] Pauline.
7. Mathis a les cheveux [a] noirs [b] blonds.
8. Mathis [a] aime [b] déteste le sport.

Entre AMIS

Un coup de fil
Cool !
Sympa
Tu dis n'importe quoi !

Compréhension écrite

3 Lis le dialogue et complète le tableau avec la description de Quentin.

TAILLE	YEUX	CHEVEUX	CARACTÈRE

4 Lis de nouveau le dialogue et complète les phrases.

1. Mathis est l'… de … .
2. Il a les yeux … .
3. Il est … .
4. Il est … .
5. Il est … .
6. Il joue très bien au … .

À l'oral

5 Observe le dessin et dis où se trouvent Pauline et Manon. Ensuite, dis de quelle couleur est le pantalon de Manon.

6 Par groupes de deux, posez-vous les questions suivantes et répondez.

Tu aimes le sport ?
Tu fais du sport ?
Si oui, quel sport fais-tu ?
Quels jours de la semaine ?

7 Par groupes de deux. Tu téléphones à un(e) ami(e) et tu lui proposes d'aller jouer au bowling. Crée le dialogue avec un(e) camarade.

Trente-neuf 39

3

Lexique

Pour se décrire...

1 Associe chaque description au personnage correspondant.

1 Manon
2 Pauline
3 Saïda

A
- **Cheveux :** bruns et bouclés
- **Yeux :** noirs
- **Taille :** moyenne
- **Caractère :** timide, studieuse
- **Signe particulier :** aime les chats
- **Date de naissance :** 12 janvier
- **Signe astrologique :** capricorne

B
- **Cheveux :** blonds, longs et raides
- **Yeux :** bleus
- **Taille :** grande, mince
- **Caractère :** orgueilleuse, optimiste
- **Signe particulier :** s'habille à la mode
- **Date de naissance :** 8 août
- **Signe astrologique :** lion

C
- **Cheveux :** roux et cou[rts]
- **Yeux :** verts
- **Taille :** petite et rondele[tte]
- **Caractère :** sympa, drô[le], bavarde
- **Signe particulier :** adore cuisiner
- **Date de naissance :** 26 octobre
- **Signe astrologique :** scorpion

Janvier Février Ma[rs]

UNITÉ 3 — Lexique

2 Associe chaque description au personnage correspondant.

1. Kevin
2. Quentin
3. Abou

A
- **Cheveux :** courts et bruns
- **Yeux :** marron
- **Taille :** moyenne
- **Caractère :** dynamique, curieux
- **Signe particulier :** adore voyager
- **Date de naissance :** 15 décembre
- **Signe astrologique :** sagittaire

B
- **Cheveux :** châtains
- **Yeux :** bleus
- **Taille :** moyenne
- **Caractère :** passionné d'informatique, observateur
- **Signe particulier :** premier de la classe, adore la musique
- **Date de naissance :** 11 juin
- **Signe astrologique :** gémeaux

C
- **Cheveux :** noirs et crépus
- **Yeux :** noirs
- **Taille :** grand, mince
- **Caractère :** sportif, ordonné, têtu
- **Signe particulier :** joue au basket
- **Date de naissance :** 5 mai
- **Signe astrologique :** taureau

Joue avec les mots !

3 Trouve les mots cachés derrière ces anagrammes !

1. VECHUXE
2. CENIM
3. XEYU
4. VARBAD
5. XUOR
6. TIANCHÂ

3

Communication

Répondre au téléphone et se présenter

— Allô ?
— Bonjour madame. C'est Léa.

S'informer sur la présence de quelqu'un

— Est-ce que Chloé est là, s'il vous plaît ?
— Non, je suis désolée. Elle n'est pas là. Elle est sortie. Ah, la voilà ! Je te la passe.

Inviter quelqu'un

— Salut Chloé. Qu'est-ce que tu fais samedi ? Tu es libre ?

Demander et donner des explications

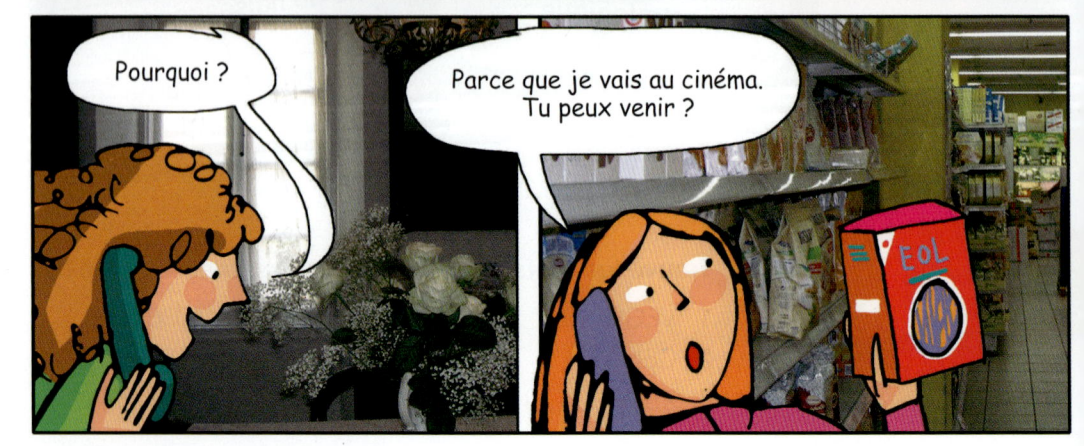

— Pourquoi ?
— Parce que je vais au cinéma. Tu peux venir ?

UNITÉ 3 — Communication

Demander à quelle heure et répondre

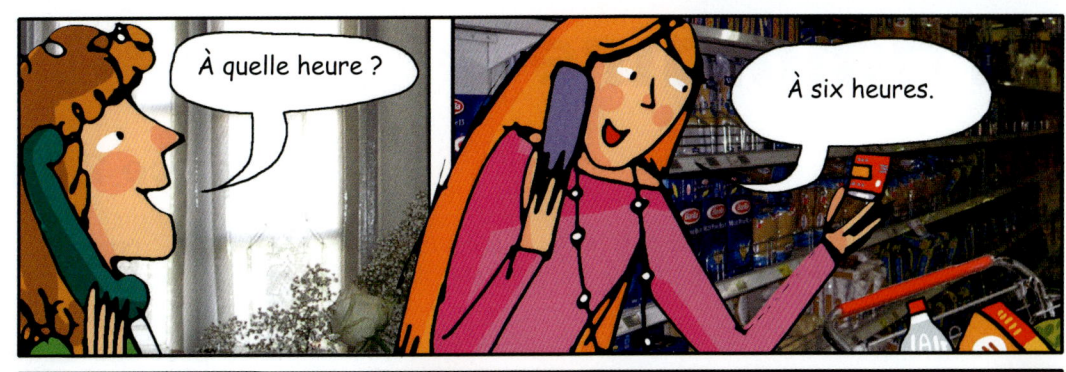

— À quelle heure ?
— À six heures.

Accepter ou refuser une invitation

— À six heures, je ne peux pas. Je ne suis pas libre. Dommage !
— Et dimanche ?
— Oui, avec plaisir !

PÊLE-MÊLE

1 Associe chaque question à la réponse correspondante.

1. C'est qui le blond ?
2. À quelle heure commence la récré ?
3. Tu viens au cinéma samedi ?
4. Allô, c'est Saïda ! Pauline est là, s'il vous plaît ?
5. Tu viens à ma fête d'anniversaire ?
6. Mathis n'est pas là ?

a. Elle commence à 10 h 15.
b. Non, samedi, je ne suis pas libre. Dommage !
c. Non, il est au bowling.
d. C'est un copain de Quentin.
e. Oui, elle est là… Je l'appelle.
f. Avec plaisir !

2 Choisis la bonne réponse.

1. A : Est-ce que Lisa est là ?
   B : Non, je suis désolée, [a] elle est là [b] elle n'est pas là.
2. A : Tu es libre dimanche ?
   B : [a] Pourquoi ? [b] Tu peux venir ?
3. A : À quelle heure commence le film ?
   B : [a] À neuf heures. [b] Le match ?
4. A : Tu peux venir ?
   B : [a] Bonjour. [b] Oui, avec plaisir.
5. A : Tu viens demain ?
   B : Non, [a] je suis libre [b] je ne suis pas libre.

À l'oral

3 Mets les phrases dans l'ordre pour reconstruire le dialogue. Ensuite, par groupes de deux, jouez le dialogue.

[a] Il est sympa ?
[b] C'est l'ami de Mathis.
[c] Oui, il est très sympa.
[d] Il est grand, dis donc !
[e] C'est qui le brun là-bas ?
[f] Oui, il joue au basket.

4 Décris un(e) camarade de classe. Le reste de la classe doit deviner de qui il s'agit.

Grammaire

Ce/Il + être

En français, le verbe *être* à la **troisième personne du singulier** peut être précédé de *ce/c'* ou *il*, selon les cas.

• **Emploi de *ce/c'***

On emploie *ce/c'* quand le verbe *être* est suivi :
– d'un nom propre.
   C'est Manon.
– d'un nom précédé d'un article.
   C'est une amie.   C'est l'amie de Léa.
– d'un nom précédé d'un adjectif possessif.
   C'est mon ordinateur.
– d'un adjectif employé au sens neutre.
   C'est génial !   C'est nul !
– d'un pronom tonique.
   C'est moi !   C'est elle !

Attention ! À la troisième personne du pluriel, *c'est* devient *ce sont*.
   Ce sont les amis de Léa.   Ce sont eux !

✱ *Ce* s'élide devant *est*.

• **Emploi de *il***

On emploie *il* :
– dans les expressions de temps et pour dire l'heure.
– pour indiquer la nationalité.
   Il est espagnol.

▶ p. 71

1 Trouve les phrases où le verbe *être* est précédé de *ce/c'* dans le dialogue de la page 38.

2 Complète les phrases avec *ce/c'* ou *il*.
 1 … est le nouveau professeur d'anglais.
 2 … est italien !
 3 … est Quentin.
 4 … est ma trousse.
 5 … sont des élèves studieux.
 6 … est tôt.
 7 … est quatre heures.
 8 … est une fille sportive.
 9 … est le cousin de Mathis.
 10 … est français !

Qui est-ce ? C'est, ce sont…

Qui est-ce ? ou *C'est qui ?* (dans la langue parlée) se réfère à des **personnes**.

La question est toujours au singulier, mais la réponse peut être au singulier (*c'est…*) ou au pluriel (*ce sont…*).
   Qui est-ce ?   C'est un copain.
   Qui est-ce ?   Ce sont des copains.

Qu'est-ce que c'est ? C'est, ce sont…

Qu'est-ce que c'est ? ou *C'est quoi ?* (dans la langue parlée) se réfère à des **choses**.

La question est toujours au singulier, mais la réponse peut être au singulier (*c'est…*) ou au pluriel (*ce sont…*).
   Qu'est-ce que c'est ?   C'est un feutre.
   Qu'est-ce que c'est ?   Ce sont des feutres.

3 Relis le dialogue de la page 38 et dis qui pose la question « C'est qui ? ». Dis ensuite quelle est la réponse à cette question.

4 Réponds aux questions en employant les indications entre parenthèses.

 1 Qui est-ce ?
   a (le professeur de tennis)
   b (mon amie Marie)
   c (mon prof de maths)
   d (mon nouveau copain)
   e (mes amis allemands)
   f (le proviseur)

 2 Qu'est-ce que c'est ?
   a (mon dictionnaire d'anglais)
   b (le cahier de Lucas)
   c (un cadeau pour toi)
   d (les CD de mon frère)
   e (la porte du couloir)
   f (mon imprimante)

UNITÉ 3 — Grammaire

5 Trouve les questions.

1. … ? C'est le portable de Samia.
2. … ? Ce sont les lunettes de Paul.
3. … ? C'est un parfum.
4. … ? C'est Lisa.
5. … ? Ce sont les cousins de Léo.
6. … ? C'est un porte-bonheur.
7. … ? Ce sont mes voisins.
8. … ? C'est un crayon.
9. … ? Ce sont des clés.
10. … ? C'est monsieur Dupuis, notre prof de biologie.

Être là – Il y a

- *Être là* est employé pour demander et indiquer la **présence** de quelqu'un.
  *Est-ce que Vincent **est là** ? Oui, il **est là**.*
  *Est-ce que tes parents **sont là** ? Non, ils ne **sont pas là**.*
- *Il y a* est employé pour indiquer l'**existence** de quelqu'un ou de quelque chose. Il est **invariable**.
  Il y a ma sœur dans le bureau du directeur.
  Il y a des livres dans ton cartable.

6 Trouve les phrases avec *il y a* dans le dialogue de la page 38. Ensuite, traduis-les dans ta langue.

7 Complète les phrases avec *c'est*, *ce sont* ou *il y a*.

1. … le dictionnaire d'Élodie.
2. … le chien de monsieur Dupont.
3. … des cahiers sur la table.
4. … deux chats dans le jardin.
5. … les stylos de Florian.
6. … un ami de Romain.
7. … un oiseau dans la cage.
8. … mes feutres.
9. … la guitare de mon frère.
10. … des roses dans le vase.

8 Associe chaque question à la réponse correspondante.

1. Qu'est-ce que c'est ?
2. Qui est-ce ?
3. Est-ce que c'est important ?
4. Qu'est-ce qu'il y a dans ton cartable ?
5. Quand est-ce qu'il y a une interrogation d'allemand ?
6. Est-ce que ta sœur est là ?

a. C'est une gomme.
b. La semaine prochaine.
c. Il y a trois livres et quatre cahiers.
d. C'est le cousin de Paul.
e. Oui, c'est très important.
f. Oui, elle est là.

La formation du féminin (3)

Règle générale ▶ p. 17
Exceptions ▶ p. 32

– Si le nom ou l'adjectif se termine par *-x* au masculin, au féminin le *-x* se transforme en *-se*.
  curieux → curieuse
  heureux → heureuse
  MAIS *roux → rousse*

– Si le nom ou l'adjectif se termine par *-f* au masculin, au féminin le *-f* se transforme en *-ve*.
  impulsif → impulsive
  neuf → neuve

– Si le nom ou l'adjectif se termine par *-é*, on suit la règle générale et on ajoute un *e*.
  réservé → réservée
  un employé → une employée

9 Trouve l'adjectif au féminin dans le dialogue de la page 38. Ensuite, transforme-le au masculin.

10 Transforme les adjectifs au féminin.

1. studieux
2. tunisien
3. marié
4. vif
5. luxembourgeois
6. actif
7. créatif
8. chanceux
9. chaleureux
10. carré

3

Pourquoi… ? Parce que…

On utilise *pourquoi* pour poser une question et *parce que** pour répondre.

Pourquoi tu ne viens pas au cinéma ?
Parce que je mange chez ma grand-mère.
Pourquoi il est absent ? *Parce qu'*il est malade.

✱ *Parce que* s'élide devant une **voyelle** ou un *h* **muet**.

11 Trouve les phrases avec *pourquoi* et *parce que* dans le dialogue de la page 38. Ensuite, change la réponse.

12 Complète les phrases avec *pourquoi* ou *parce que*.

1. … elle ne va pas au bowling ?
   … elle préfère aller à la piscine.
2. … ils ne vont pas au concert de rock ?
   … ils préfèrent la musique classique.
3. … tu ne vas pas à la piscine ?
   … je dois étudier.
4. … tu es fatigué ? … je fais mes devoirs.
5. … vous restez à la maison ?
   … nous révisons nos leçons.
6. … tu cries ? … je suis en colère.

Les articles contractés

En français, on forme les articles contractés avec les **prépositions** *à* et *de* suivies des **articles définis** *le*, *la* et *les*.

- **Articles contractés avec *à***

	Singulier	Pluriel
Masculin	au, à l'*	aux
Féminin	à la, à l'*	

Lucie va **au** théâtre.   Ils parlent **aux** élèves.

- **Articles contractés avec *de***

	Singulier	Pluriel
Masculin	du, de l'*	des
Féminin	de la, de l'*	

Je téléphone **du** Brésil.
Ce sont les livres **des** élèves.

✱ *Le* et *la* s'élident devant un nom qui commence par une **voyelle** ou un *h* **muet**.

13 Trouve l'article contracté dans le dialogue de la page 38.

14 Choisis la bonne réponse.

1. La fenêtre [a] des [b] du [c] de la chambre est ouverte.
2. Le professeur corrige les cahiers [a] de l' [b] des [c] du élèves.
3. Tu as les billets [a] de l' [b] de la [c] du concert ?
4. Vous venez [a] à la [b] au [c] aux cinéma ?
5. Ils vont [a] à la [b] au [c] aux patinoire.
6. Le cahier d'appel [a] de l' [b] des [c] du professeur est sur la table.
7. Je téléphone [a] de la [b] du [c] de l' France.
8. Les livres [a] de la [b] des [c] du élèves ont beaucoup de pages.
9. Nous parlons [a] à l' [b] aux [c] au proviseur.
10. J'adore la tarte [a] aux [b] au [c] à les pommes.

15 Complète les phrases avec l'article contracté qui convient.

1. Ils habitent … rez-de-chaussée.
2. Ma fille déjeune … réfectoire.
3. Quel est le résultat … match ?
4. Les explications … guide sont excellentes.
5. Dites … autres élèves que le départ est prévu à sept heures.
6. Toutes les chambres … hôtel ont la climatisation.
7. Je vais chercher Julie … école.
8. La fenêtre … cuisine donne sur le jardin.
9. Comment tu vas … piscine ?
10. Elle part en voyage … Pays-Bas.

Quelques verbes

Faire et *pouvoir* sont des verbes du 3ᵉ groupe.

Faire			
Je	fais	Nous	faisons
Tu	fais	Vous	faites
Il/Elle	fait	Ils/Elles	font

Pouvoir			
Je	peux	Nous	pouvons
Tu	peux	Vous	pouvez
Il/Elle	peut	Ils/Elles	peuvent

16 À quelle personne est conjugué le verbe *pouvoir* dans le dialogue de la page 38 ?

17 Complète avec le pronom personnel sujet qui convient. Parfois, plusieurs solutions sont possibles.

1. … fais
2. … peut
3. … faites
4. … peuvent
5. … faisons
6. … pouvons
7. … pouvez
8. … fait
9. … font
10. … peux

18 Complète les phrases avec les verbes proposés.

[faisons   fais (x2)   faites
fait   font   peut   peux   pouvez
peuvent (x2)   pouvons]

1. Ils … sortir.
2. Vous … venir chez nous ?
3. Je … des exercices d'anglais.
4. Ils … une traduction.
5. Elle ne … pas sortir, elle est malade.
6. Nous … un voyage en Allemagne.
7. Elle … une pizza.
8. Je ne … pas venir demain.
9. Vous … trop de bruit !
10. Tu … un stage ici ?
11. Nous … faire ces exercices.
12. Ils … participer au tournoi de tennis.

UNITÉ 3 — Grammaire & Phonétique

Phonétique

Pour compter

70	soixante-dix	82	quatre-vingt-deux…
71	soixante et onze	90	quatre-vingt-dix
72	soixante-douze…	91	quatre-vingt-onze…
80	quatre-vingts	100	cent
81	quatre-vingt-un	101	cent un…

1 Écoute l'enregistrement et indique les nombres que tu entends.

	a	b	c
1	47	67	77
2	81	31	51
3	25	75	85
4	63	73	83
5	58	78	88
6	38	148	98

2 Écoute l'enregistrement et indique les numéros de téléphone que tu entends.

	a	b
1	02 37 55 12 41	02 47 55 15 31
2	04 74 84 30 11	04 64 94 20 12
3	03 43 83 13 27	03 33 83 12 37
4	01 21 43 40 57	01 31 53 41 57
5	05 82 92 93 33	05 92 82 93 76
6	05 16 24 78 28	05 92 61 44 91

Les finales muettes

En français, dans la **syllabe finale** d'un mot, il ne faut pas prononcer :
– la voyelle *-e* (muette) : *une porte*
– la syllabe *-es* : *tu aimes, des chaises*
– la terminaison verbale *-ent* : *ils rient*

En général, il ne faut pas prononcer les consonnes finales *d, p, s, t, g, z, x* (sauf dans les mots *mars, gaz, but*…).

Attention ! Si ces consonnes sont suivies d'un *e muet*, elles se prononcent !
malade   verte   taxe

3 Écoute l'enregistrement et indique les lettres muettes.

1. blond
2. fenêtre
3. grand
4. compas
5. Nicolas
6. vert
7. trop
8. nez

3 Civilisation

Des fêtes toute l'année !

En France, il y a beaucoup de fêtes tout au long de l'année.

1 L'Épiphanie

2 La Saint-Valentin

3 Mardi gras

4 Pâques

Janvier						
L	M	M	J	V	S	D
						1
2	3	4	5	⑥	7	8
9	10	11	12	13	14	15
16	17	18	19	20	21	22
23	24	25	26	27	28	29
30	31					

Février						
L	M	M	J	V	S	D
		1	2	3	4	5
6	7	8	9	10	11	12
13	⑭	15	16	17	18	19
20	㉑	22	23	24	25	26
27	28					

Mars						
L	M	M	J	V	S	D
		1	2	3	4	5
6	7	8	9	10	11	12
13	14	15	16	17	18	19
20	21	22	23	24	25	26
27	28	29	30	31		

Avril						
L	M	M	J	V	S	D
					1	2
3	4	5	6	7	⑧	9
10	11	12	13	14	15	16
17	18	19	20	21	22	23
24	25	26	27	28	29	30

Mai						
L	M	M	J	V	S	D
①	2	3	4	5	6	7
8	9	10	11	12	13	14
15	16	17	18	19	20	21
22	23	24	25	26	27	28
29	30	31				

Juin						
L	M	M	J	V	S	D
			1	2	3	4
5	6	7	8	9	10	11
12	13	14	15	16	17	18
19	20	21	22	23	24	25
26	27	28	29	30		

Juillet						
L	M	M	J	V	S	D
					1	2
3	4	5	6	7	8	9
10	11	12	13	⑭	15	16
17	18	19	20	21	22	23
24	25	26	27	28	29	30
31						

Août						
L	M	M	J	V	S	D
	1	2	3	4	5	6
7	8	9	10	11	12	13
14	15	16	17	18	19	20
21	22	23	24	25	26	27
28	29	30	31			

Septembre						
L	M	M	J	V	S	D
				1	2	3
4	5	6	7	8	9	10
11	12	13	14	15	16	17
18	19	20	21	22	23	24
25	26	27	28	29	30	

Octobre						
L	M	M	J	V	S	D
						1
2	3	4	5	6	7	8
9	10	11	12	13	14	15
16	17	18	19	20	21	22
23	24	25	26	27	28	29
30	31					

Novembre						
L	M	M	J	V	S	D
		1	2	3	4	5
6	7	8	9	10	11	12
13	14	15	16	17	18	19
20	21	22	23	24	25	26
27	28	29	30			

Décembre						
L	M	M	J	V	S	D
				1	2	3
4	5	6	7	8	9	10
11	12	13	14	15	16	17
18	19	20	21	22	23	24
㉕	26	27	28	29	30	㉛

UNITÉ 3

Civilisation

6 La fête nationale

7 Noël

8 La Saint-Sylvestre

5 La fête du Travail

1 Associe chaque description à la fête correspondante.

a Le 14 juillet rappelle la prise de la Bastille et le début de la Révolution française.

b Le 1er mai, les Français ne travaillent pas et s'offrent du muguet.

c C'est la fête des amoureux. N'oublie pas d'acheter un cadeau à ton petit copain ou à ta petite copine !

d Les enfants vont chercher les œufs déposés par les cloches dans leur jardin.

e Les enfants et les adultes se déguisent et mangent des crêpes. Cette fête est aussi appelée « Carnaval ».

f Pendant cette fête, on s'offre des cadeaux, on décore le sapin et on installe la crèche. À la fin du repas, on mange la bûche.

g Les enfants célèbrent cette fête avec la galette des Rois. Celui qui trouve la fève devient le roi et choisit sa reine.

h C'est le dernier jour de l'année. On organise le réveillon et, à minuit, on se souhaite la bonne année.

Quarante-neuf 49

3 Atelier

1 Écoute et lis le dialogue. Ensuite, dis si les affirmations sont vraies (V) ou fausses (F).

Antoine : Allô ? Salut, Hugo ! C'est Antoine, ça va ?

Hugo : Pas mal et toi ?

Antoine : Très bien ! Dis-moi, tu es libre demain après-midi ?

Hugo : Oui, pourquoi ?

Antoine : Tu veux venir avec moi au ciné voir un film policier ?

Hugo : Bien sûr ! C'est une super idée ! À quelle heure commence le film ?

Antoine : Il commence à 15 heures.

Hugo : C'est parfait. Je passe te chercher vers 14 heures ?

Antoine : D'accord. À demain !

1 Antoine téléphone à Hugo.
2 Il demande si Hugo est libre samedi.
3 Il propose à Hugo d'aller à un concert.
4 Hugo accepte.
5 Ils vont voir un film de science-fiction.
6 La séance commence à 15 heures.

2 Écoute et lis le dialogue. Ensuite, coche la bonne réponse.

Marie : Salut Chloé.

Chloé : Salut Marie, ça va ?

Marie : Ça va bien, merci… Au fait, j'organise une fête pour le Carnaval.

Chloé : Génial !

Marie : Tu peux venir ?

Chloé : Oui, c'est quand ?

Marie : Samedi.

Chloé : Euh… À quelle heure ?

Marie : La fête commence à 17 heures.

Chloé : Malheureusement, je ne suis pas libre à 17 heures. J'ai rendez-vous chez le dentiste.

Marie : Dommage ! Tu peux venir plus tard, si tu veux. On va rester jusqu'à 21 heures au moins !

Chloé : D'accord, alors je viens vers 19 heures. C'est bon ?

Marie : C'est parfait ! Salut !

Chloé : À samedi !

1 Marie organise une fête pour
  a son anniversaire.
  b le 14 Juillet.
  c le Carnaval.
2 Chloé est
  a enthousiaste de la proposition.
  b pas vraiment intéressée par la fête.
  c indifférente à l'idée de la fête.
3 Chloé
  a ne va pas à la fête.
  b va à la fête plus tard.
  c va à la fête à 17 heures.

3 Par groupes de deux, rédigez un dialogue sur l'exemple des dialogues des exercices 1 et 2. Vous devez inventer les détails, les personnages, etc.

UNITÉ 3 — Atelier & Certification

Certification

DELF A1 Compréhension de l'oral   durée 20 minutes   note ..... /25

Vous allez entendre trois enregistrements correspondant à trois documents différents.
Pour chaque document, vous aurez :
- 30 secondes pour lire les questions ;
- une première écoute, puis 30 secondes de pause pour commencer à répondre aux questions ;
- une deuxième écoute, puis 30 secondes de pause pour compléter vos réponses.

Document n° 1

1. La fille s'appelle — **a** Lucille. **b** Camille. **c** Lisa. — 2 points
2. Le garçon s'appelle — **a** Lucas. **b** Thomas. **c** André. — 2 points
3. Le garçon veut aller — **a** à un concert. **b** au stade. **c** au cinéma. — 2 points
4. La fille — **a** accepte. **b** refuse. **c** ne sait pas. — 2 points
5. Le match commence à — **a** deux **b** trois **c** quatre heures. — 2 points

Document n° 2

1. Dans ce dialogue, il y a
   a deux **b** trois **c** quatre personnages. — 1 point
2. La femme est
   a l'amie **b** la prof **c** la mère de Léa. — 2 points
3. Léa veut
   a aller au cinéma. **b** manger une pizza. **c** manger une glace. — 2 points
4. Elle rentre vers
   a neuf **b** dix **c** onze heures. — 2 points

Document n° 3

1. Sonia organise
   a un tournoi de tennis. **b** une fête d'anniversaire. **c** une boum. — 2 points
2. Le rendez-vous est à
   a quatre **b** cinq **c** sept heures. — 2 points
3. Maxence est
   a grand et brun. **b** grand et blond. **c** petit et blond. — 2 points
4. Maxence a les yeux
   a bleus. **b** verts. **c** marron. — 2 points

UNITÉ 4

OBJECTIFS
- Indiquer et contester la possession
- Demander à quelqu'un ses préférences et répondre
- Offrir son aide de façon formelle
- Décrire des sensations physiques et indiquer la température atmosphérique
- S'exclamer

Dans un magasin de vêtements

Pauline : Il fait un froid de canard aujourd'hui, hein ?
Saïda : Oui, j'ai très froid. Brrr...
Pauline : Regarde ce nouveau magasin de fringues ! Allons jeter un coup d'œil. Ça te dit ?
Saïda : Oui, bien sûr !
Pauline : Quels beaux jeans, tu ne trouves pas ?
Saïda : Oui, ils sont pas mal. Regarde... Ils sont en promotion !
Pauline : Et ces pulls rouges ? Ils sont super beaux ! J'adore le rouge, c'est ma couleur préférée !
Saïda : Moi, je n'aime pas le rouge, je préfère le vert.

Pauline : J'ai aussi besoin d'une ceinture marron.
Saïda : Mais tu as déjà une ceinture marron !
Pauline : Non, elle n'est pas à moi, elle est à ma sœur.
Saïda : Ah, d'accord. Regarde, les ceintures sont là-bas.
La vendeuse : Je peux vous aider, mademoiselle ?
Pauline : Oui, je cherche une ceinture marron.
La vendeuse : Nous n'avons plus de ceintures marron, mais nous avons des ceintures noires.
Pauline : Tant pis...
La vendeuse : Repassez la semaine prochaine.
Pauline : D'accord, merci. Au revoir.

UNITÉ 4 — Dialogue

Compréhension orale

DELF 1 Écoute l'enregistrement du dialogue et choisis la bonne réponse.

1. Saïda et Pauline ont [a] froid [b] chaud.
2. Elles entrent dans [a] une librairie [b] un magasin.
3. Dans le magasin, il y a des [a] vêtements [b] livres.
4. Pauline aime beaucoup le [a] rouge [b] vert.
5. Saïda préfère le [a] bleu [b] vert.
6. Pauline cherche [a] des baskets [b] une ceinture.

DELF 2 Écoute de nouveau le dialogue. Dis si les affirmations sont vraies (V) ou fausses (F).

1. Il fait très chaud.
2. Saïda et Pauline entrent dans un centre commercial.
3. Il y a des vêtements en promotion.
4. Il y a des pulls rouges.
5. Pauline a une ceinture marron.
6. La vendeuse propose des ceintures marron aux filles.

Entre AMIS

Un froid de canard
Fringues
Ça te dit ?
Pas mal
Super beaux
Tant pis…

Compréhension écrite

3 Lis le dialogue et complète les phrases.

1. Pauline propose à Saïda d'… .
2. Pauline trouve que les jeans sont … .
3. Pauline aime beaucoup les … .
4. Le rouge est … de Pauline.
5. Saïda préfère … .
6. Pauline cherche … .

À l'oral

4 Observe le dessin et dis combien il y a de pulls et de jeans dans le magasin.

5 Crée un dialogue à partir des indications données. Ensuite, par groupes de deux, jouez le dialogue.

Tu entres dans un magasin parce que tu cherches une ceinture noire. La vendeuse te dit qu'il n'y a plus de ceintures noires. Elle te propose une ceinture rouge. Une ceinture d'une autre couleur ne t'intéresse pas, donc tu décides de partir.

6 Par groupes de deux, posez-vous les questions suivantes et répondez.

Où achètes-tu tes vêtements ? Avec qui vas-tu acheter tes vêtements ? Quelle est ta couleur préférée ?

7 Dis à tes camarades…
– si tu aimes aller acheter des vêtements.
– avec qui tu vas acheter tes vêtements.
– quel est ton vêtement préféré.
– si tu aimes porter des jeans.
– si tu portes des ceintures.

Cinquante-trois

Lexique

À chaque saison, ses vêtements et ses accessoires

1 Écoute l'enregistrement et observe le dessin. Mets chaque mot au bon endroit.

[des pantoufles   un chemisier   une robe]

1 …
2 des collants
3 une paire de/des chaussures
4 une chemise de nuit
5 une robe de chambre
6 …
7 une jupe
8 des bottes
9 …

Les accessoires

Une montre

Un parapluie

Une casquette

Une ceinture

Un bonnet

Des lunettes de soleil

UNITÉ 4

Lexique

2 Écoute l'enregistrement et observe le dessin. Mets chaque mot au bon endroit.

[un jean   des baskets   un short]

1 un sweat-shirt   4 un tee-shirt   7 un pull
2 …   5 un jogging   8 un blouson
3 des chaussettes   6 …   9 …

Les motifs

À carreaux   À rayures   À pois

À fleurs

Les couleurs

blanc   noir   vert   rose
rouge   bleu   gris   marron   orange
jaune

Joue avec les mots !

3 Complète les mots avec les lettres qui manquent pour découvrir des vêtements et des accessoires.

1 des l _ _ _ tt _ _   3 des ch _ _ ss _ _ t _ _   5 un p _ r _ p _ _ _ e
2 un b _ n _ e _   4 un b _ _ u _ o _   6 une m _ _ t _ _

Communication

Indiquer et contester la possession

> Il est à qui ce bonnet ?
> Il est à moi. C'est mon bonnet.
> Ce sont vos lunettes ?
> Non, elles ne sont pas à nous. Elles sont peut-être à elles.

1 Écoute l'enregistrement et réponds affirmativement aux questions que tu entends.

Demander à quelqu'un ses préférences et répondre

Offrir son aide de façon formelle

> Il est beau ce tableau ! Il te plaît ?
> Oui, mais je préfère cette statue.
> Vous désirez ? Je peux vous aider ?

galerie d'art

2 Crée des mini-dialogues avec les mots proposés, comme dans l'exemple.

Ex. A : Vous aimez ce tee-shirt rouge ?
B : Oui, mais je préfère ce tee-shirt jaune.

1. pull noir – pull bleu
2. sweat-shirt – pull
3. jupe à fleurs – jupe à rayures
4. jean – jupe

UNITÉ 4 — **Communication**

Décrire des sensations physiques et indiquer la température atmosphérique

- Il fait chaud.
- J'ai chaud ! Tu n'as pas chaud, toi ?
- Si, moi aussi, j'ai chaud.

S'exclamer

- Comme il fait froid !
- Quelle chaleur !

PÊLE-MÊLE

3 Associe chaque phrase au dessin correspondant.

[a Tu aimes ce pantalon ?   b Il est à toi ce chien ?
c Je peux vous aider ?   d Il fait chaud ! Ouvre la fenêtre, s'il te plaît !]

À l'oral

4 Par groupes de deux, posez-vous des questions sur les vêtements que vous aimez ou que vous n'aimez pas.

Cinquante-sept 57

Grammaire

L'expression de la possession

On exprime la possession avec :
- la **préposition** *de* qui introduit le complément du nom.
  C'est la jupe de Lucie.
  C'est la voiture de Julien.
- un **adjectif possessif**. ▶ p. 31
  Je cherche ma montre.   C'est leur voiture.
- le **verbe être** suivi de la préposition *à* + le possesseur (nom ou pronom personnel tonique).
  Cette casquette est à Ludovic.
  Ce chapeau est à moi.

1 Trouve les phrases qui indiquent la possession dans le dialogue de la page 52.

2 Transforme les phrases, comme dans l'exemple.
  Ex. Cette jupe est à Anaïs.
  → *Cette jupe est à elle.*
  1 Ce scooter est à Julien.
  2 Ce lecteur DVD est à mon cousin.
  3 Cette ceinture est à sa sœur.
  4 Ce maillot de bain est à Florian.

3 Transforme les phrases, comme dans l'exemple.
  Ex. C'est le portable de Julie.
  → *Ce portable est à Julie. C'est son portable.*
  1 C'est la raquette de Lucie.
  2 Ce sont les gants de ma mère.
  3 C'est le chat de ma voisine.
  4 Ce sont les jouets d'Océane.
  5 C'est la cravate de mon père.
  6 Ce sont les chaussures de Marine.

Les pronoms après les prépositions

Après une préposition, on emploie un **pronom personnel tonique**. ▶ p. 30

Prépositions
à   avec   dans   de   pour   sans   chez

Je travaille avec lui.
Elle part en vacances sans eux.

4 Trouve la préposition suivie d'un pronom tonique dans le dialogue de la page 52.

5 Remplace les mots soulignés par un pronom personnel tonique.
  1 Il joue au tennis avec son cousin.
  2 Je prépare une pizza pour mes enfants.
  3 Elle va à la salle de sport avec Camille et Justine.
  4 Elle sort sans son frère.
  5 Tu penses toujours à Lucie ?
  6 Vous parlez de Guillaume ?

6 Complète les phrases avec le pronom tonique qui convient.
  1 Nous allons au cinéma demain soir. Tu viens avec … ?
  2 Helmut est le correspondant allemand de Benjamin, il habite chez … .
  3 Demain, je mange chez ma grand-mère. J'adore manger chez … !
  4 Zoé et Marie ne sont pas sympas. Je préfère jouer sans … .
  5 Tes cousins partent au Mexique cet été. Tu pars avec … ?
  6 Elle est amoureuse de Mathéo. Elle parle très souvent de … .

Les adjectifs démonstratifs

	Singulier	Pluriel
Masculin	ce, cet*	ces
Féminin	cette	

Tu aimes cette jupe ?
J'achète ce pantalon.
Cet hôtel est grand.
Ces enfants sont gentils.

✱ *Cet* s'emploie devant un mot masculin commençant par une **voyelle** ou un *h* **muet**.

7 Fais la liste des adjectifs démonstratifs qui se trouvent dans le dialogue de la page 52.

8 Complète avec *ce* ou *cet*.
  1 … bonnet
  2 … homme
  3 … exercice
  4 … arbre
  5 … élève
  6 … acteur
  7 … gâteau
  8 … parapluie

UNITÉ 4 — Grammaire

9 Complète avec l'adjectif démonstratif qui convient.

1. les exercices : … exercices
2. le portable : … portable
3. le professeur : … professeur
4. la matière : … matière
5. l'animal : … animal
6. les élèves : … élèves
7. l'amie : … amie
8. la casquette : … casquette
9. les bottes : … bottes
10. les tongs : … tongs

10 Associe chaque phrase à l'adjectif démonstratif correspondant.

1. Ce   2. Cette   3. Cet   4. Ces

a. robe est chère.
b. chaussures sont belles.
c. bonnet est en laine.
d. enfant est capricieux.
e. chemisier est en soie.
f. casquette est belle.
g. animal est dangereux.
h. vêtements sont élégants.

11 Choisis l'adjectif démonstratif qui convient.

1. [a] Cet   [b] Ce hôtel est luxueux.
2. [a] Cette [b] Ces pantoufles sont confortables.
3. [a] Ce   [b] Cet artiste est célèbre.
4. [a] Cet   [b] Cette activité est amusante.
5. [a] Ces   [b] Cette fleurs sont belles.
6. [a] Ce   [b] Cet livre est intéressant.
7. [a] Ce   [b] Cet enfant est terrible.
8. [a] Cet   [b] Cette jupe noire est trop courte.
9. [a] Cette [b] Ces chaussures sont chères.
10. [a] Ce   [b] Cette robe est en soie.
11. [a] Ce   [b] Cette pyjama jaune est horrible.
12. [a] Ces [b] Cette chaussettes sont en laine.

Tu ou *vous* ? Le registre formel et informel

En français, on peut **tutoyer** (registre informel), ou **vouvoyer** (registre formel) quelqu'un.

Informel

*Qu'est-ce que **tu** aimes ?*
***Tu** habites où ?*
*Viens, je **te** prie !*

Formel

*Qu'est-ce que **vous** aimez, madame ?*
*Où habitez-**vous** ?*
*Venez, je **vous** prie !*

12 Dans le dialogue de la page 52, Pauline s'adresse à une personne de manière formelle et à une autre personne de manière informelle. Qui sont ces personnes ?

13 Transforme les phrases, comme dans l'exemple.

Ex. Tu parles espagnol ?
→ *Parlez-vous espagnol ?*

1. Tu viens à ma fête ?
2. Tu as froid ?
3. Où tu habites ?
4. Tu vas quand à la piscine ?
5. Tu peux sortir ?
6. Écoute la maîtresse, s'il te plaît !

La forme négative avec *ne... plus* (2) ▶ p. 30

Dans la forme négative, *pas* peut être remplacé par d'autres éléments négatifs, comme par exemple, par *plus*. *Ne... plus* indique une action ou une situation passée, qui n'existe plus.

*Elle **ne** veut **pas** sortir avec lui.* → *Elle **ne** veut **plus** sortir avec lui.* (avant, elle voulait sortir avec lui)

*Ils **n'**ont **pas** ce modèle.* → *Ils **n'**ont **plus** ce modèle.* (avant, ils avaient ce modèle)

14 Trouve les phrases négatives dans le dialogue de la page 52.

15 Récris les phrases en remplaçant *pas* par *plus* et vice-versa.

1. Je n'ai plus faim.
2. Elle ne joue pas au basket.
3. Ils n'écoutent plus la radio.
4. Nous ne passons pas nos vacances à la mer.
5. Vous ne pouvez pas participer au tournoi.
6. Il ne fait plus froid.

Le verbe *avoir* pour exprimer des sensations

> Avoir chaud   Avoir sommeil
> Avoir froid   Avoir peur
> Avoir faim   Avoir envie de
> Avoir soif   Avoir besoin de

16 Trouve les phrases qui contiennent des expressions avec le verbe *avoir* dans le dialogue de la page 52.

17 Complète les phrases avec le verbe *avoir* au présent de l'indicatif.

1. Ils … sommeil.
2. Il … chaud.
3. Nous … peur.
4. Tu … envie de sortir ?
5. Vous … soif ?
6. J' … faim.
7. Nous … froid.
8. Elle … besoin d'un dictionnaire.

Le verbe *faire* dans les tournures impersonnelles

> Dans les tournures impersonnelles (à la troisième personne du singulier) avec des adjectifs qui indiquent des phénomènes atmosphériques, on emploie le verbe *faire*.
>
> *Il fait* froid.   *Il fait* chaud.
> *Il fait* beau.   *Il fait* mauvais.

18 Dans le dialogue de la page 52, on trouve l'expression *Il fait un froid de canard*. Que signifie cette expression ?

a. Il fait chaud.   b. Il fait frais.   c. Il fait très froid.

19 Complète les phrases avec l'expression qui convient.

1. Il fait -10°C : … .
2. Il fait 40°C : … .
3. …, nous allons à la piscine.
4. J'allume le chauffage parce qu'… .

L'impératif affirmatif

> On emploie l'impératif affirmatif pour donner un ordre ou exprimer une obligation.
> L'impératif a trois personnes : la 1ère et la 2e personne du singulier, et la 2e personne du pluriel. Les formes de l'impératif sont celles du présent de l'indicatif, mais il faut enlever les pronoms personnels sujets.
>
> **Attention !** Pour les verbes du 1er groupe (comme *parler*), ainsi que pour le verbe *aller*, on enlève le *s* final de la deuxième personne du singulier du présent de l'indicatif.

Parler	Parle !	Parlons !	Parlez !
Aller	Va !	Allons !	Allez !
Faire	Fais !	Faisons !	Faites !

20 Trouve les verbes à l'impératif dans le dialogue de la page 52.

21 Conjugue les formes verbales à l'impératif.

1. Nous appelons
2. Tu viens
3. Vous faites
4. Tu fais
5. Vous entrez
6. Tu appelles
7. Tu portes
8. Vous venez
9. Tu parles
10. Nous travaillons

UNITÉ 4 — Grammaire & Phonétique

Phonétique

La liaison

En français, on fait parfois la **liaison**. Cela signifie que l'on prononce la consonne finale muette d'un mot en la reliant à la **voyelle initiale** ou au **h muet** du mot suivant. ▶ p. 47

ils‿ont   vous‿êtes   les‿hommes

1 Écoute l'enregistrement et indique la liaison si nécessaire. Ensuite, répète les formes verbales.

1. nous aimons
2. je veux
3. nous allons
4. vous avez
5. tu viens
6. nous habitons
7. tu connais
8. ils adorent

2 Écoute l'enregistrement et indique la liaison lorsque c'est nécessaire. Ensuite, répète les mots.

1. les arbres
2. les écoles
3. des cahiers
4. des foulards
5. des oranges
6. des gommes

La liaison avec les nombres

La **liaison** se fait aussi avec certains **adjectifs numéraux** suivis d'un mot commençant par une **voyelle** ou un **h muet**.

Le *x* de *deux*, *six*, *dix*, et le *s* de *trois* se prononcent [z].

deux   deux‿ans   deux‿hommes

Le *t* de *sept* n'est jamais muet et il se prononce même devant les consonnes.

sept   sept‿ans   sept‿hommes
        sept journaux

Le *f* de *neuf* se prononce [v] devant les mots *ans*, *heures* et *hommes*.

neuf   neuf‿ans   neuf‿hommes
        neuf‿heures

3 Lis les phrases à voix haute.

1. Je prends le train de neuf heures et demie.
2. Ils ont sept animaux chez eux.
3. Camille a dix ans.
4. Je te l'ai répété au moins dix fois.

L'accent orthographique (2) ▶ p. 33

– L'**accent aigu** : on le met uniquement sur le *e* pour lui donner un son fermé [e].
  vérité   cinéma   réussi

– L'**accent grave** : on le met sur le *e* pour lui donner un son ouvert [ɛ].
  crème   mère   mystère   progrès

  On le met aussi sur le *a* et le *u*, mais la prononciation ne change pas.
  à préposition ≠ a du verbe avoir

– L'**accent circonflexe** : on peut le trouver sur toutes les voyelles, sauf sur le *y*.
  pâte   île   mûre

  Il donne un son ouvert au *e* [ɛ].
  tête   fête   forêt

  Il donne un son fermé au *o* [o].
  côte   arôme   drôle

Attention ! Généralement, on ne trouve pas d'accent sur le *e* précédant deux consonnes ou un *x*. Sa prononciation est ouverte [ɛ].

  Elle est belle.   un restaurant   un texto

4 Écoute l'enregistrement et mets un accent aigu lorsque c'est nécessaire.

1. premiere
2. mere
3. dernier
4. mercure
5. rouge
6. pelle
7. telephone
8. considerer
9. eponge

5 Écoute l'enregistrement et répète les mots. Attention à la prononciation du *e* !

1. fenêtre
2. réunir
3. réussir
4. sirène
5. réunion
6. Léon
7. géographie
8. fidèle
9. fête

6 Écoute l'enregistrement et complète les mots avec *é* ou *è*.

1. sant…
2. m…che
3. s…nateur
4. vip..re
5. m…rite
6. deuxi…me
7. …criture
8. s…che
9. th…âtre

7 Écoute l'enregistrement et complète les mots avec *é* ou *e*.

1. t…nue
2. v…lours
3. r…putation
4. c…l…brer
5. r…prendre
6. t…l…

4 Civilisation

Une promenade en bateau-mouche à Paris

Paris est divisé en vingt arrondissements dont la position rappelle la forme d'un escargot.
La ville est divisée en deux parties par la Seine : on parle de la **Rive droite** et de la **Rive gauche**.
Prenez un bateau-mouche et découvrez la capitale de la France !

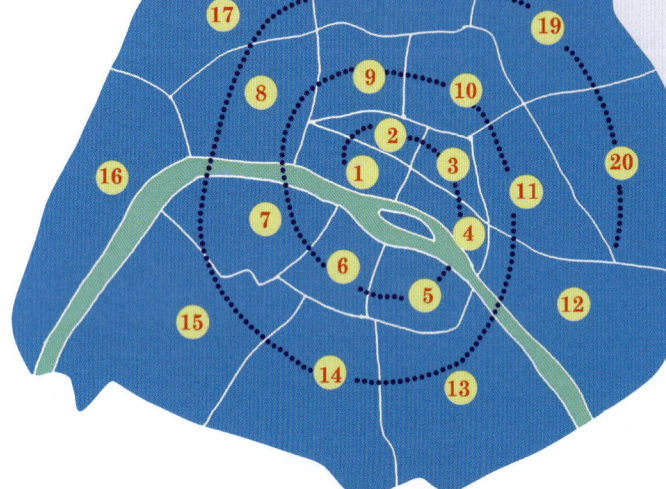

La rive gauche

La **tour Eiffel** mesure plus de 300 mètres de haut. C'est l'ingénieur Gustave Eiffel qui l'a projetée. Elle est inaugurée en 1889. Elle se trouve dans le … arrondissement.

Le **jardin du Luxembourg** est décoré de statues. C'est aussi là que se trouve le **palais du Luxembourg**, siège du Sénat. Le jardin et le palais se trouvent dans le … arrondissement.

Inaugurée en 1996, la **Bibliothèque nationale de France**, appelée **BnF**, se compose de bâtiments en forme de livres ouverts. Elle se trouve dans le … arrondissement.

62 Soixante-deux

UNITÉ 4 — Civilisation

La rive droite

Sur l'**avenue des Champs-Élysées** se déroule chaque année le défilé militaire du 14 Juillet.
Aux deux extrémités de l'avenue se trouvent l'Arc de triomphe et l'obélisque de Louxor. Ces monuments se trouvent dans le … arrondissement.

Le **Palais de l'Élysée** est la résidence du président de la République française. Il se trouve dans le … arrondissement.

Le **Louvre** abrite la Joconde de Léonard de Vinci. À l'entrée du musée, il y a la célèbre pyramide en verre. Il se trouve dans le … arrondissement.

1 Écoute l'enregistrement et complète les présentations avec l'arrondissement qui convient.

Soixante-trois 63

Atelier 4

1 Lis le mail de Manon et réponds aux questions.

Chère Justine,
je suis en vacances avec mes parents et c'est cool ! Aujourd'hui, nous visitons Paris et nous faisons du shopping aux *Galeries Lafayette*. Demain, nous allons au *Parc Astérix*, je suis super contente !
Et toi, comment et où passes-tu tes vacances ?
Bises
Manon

1. Où se trouve Manon ?
2. Que fait-elle aujourd'hui ?
3. Où va-t-elle le lendemain ?

2 Demain, Manon va au *Parc Astérix*. Lis le dépliant et réponds aux questions.

Le Parc Astérix, consacré aux personnages de la bande dessinée d'Uderzo et de Goscinny, se situe à environ 30 km de Paris. Découvrez le deuxième parc d'attractions le plus visité en France après Eurodisney !

Les six univers thématiques proposent plus de 30 attractions comme le **Tonnerre de Zeus** (des montagnes russes hautes de 33 m). Et n'oubliez pas de visiter **la reconstruction d'un village gaulois**. Astérix, Obélix, Panoramix et les autres se promènent dans les allées du village et se font volontiers photographier avec les enfants. Et tout ça pour seulement 39 €/personne et 29 € pour les enfants de moins de 12 ans !

1. Quel est le parc le plus visité de France ?
2. Combien y a-t-il d'univers thématiques au Parc Astérix ?
3. Combien coûte l'entrée du parc pour les enfants de 8 ans ?

3 Complète la carte postale que Manon envoie à son amie Justine.

[Astérix   attractions   bises   gaulois
  haut   mètres   photos   russes]

Chère Justine,
Le Parc Astérix est génial ! Il y a plein d' 1 .... J'adore les montagnes 2 .... : elles font 33 3 .... de 4 .... ! Ça donne des frissons ! Mais le mieux, c'est le village 5 .... où l'on peut rencontrer 6 .... et Obélix. J'ai beaucoup de 7 .... avec eux !
Si tu vas au Parc Astérix, va à l'hôtel des hiboux situé en plein milieu d'une forêt. Tu as l'impression de vivre au temps des Gaulois !
À bientôt !
8 ....
Manon

UNITÉ 4 — **Atelier & Certification**

Certification

DELF A1 — Compréhension des écrits — durée 30 minutes — note ..... /25

Vous allez lire trois documents concernant des situations de la vie quotidienne. Vous avez 30 minutes à votre disposition pour répondre aux questionnaires de compréhension.

Document n° 1

Sandrine trouve ce dépliant dans sa boîte aux lettres. Lisez-le et cochez la bonne réponse.

Styl'Mode – la mode à petits prix !

Vous cherchez des vêtements à la mode ? Les meilleures marques ?

Venez chez STYL'MODE, vous pouvez trouver des modèles chic et pas chers ! Nous vous attendons à deux pas de la gare routière, dans le centre ville.

NOS PROMOTIONS

Pantalon fille 20 € — Jean garçon 15 €
T-shirt fille 8 € — T-shirt garçon 8 €
Ballerines 12 € — Baskets 20 €

Qu'est-ce que vous attendez ? ! Ne perdez pas l'occasion de vous habiller à la mode à petits prix !

1. Le magasin *Styl'Mode* propose des vêtements [a] chers. [b] pas chers. — 2 points
2. Cette publicité s'adresse surtout [a] aux jeunes. [b] aux adultes. — 2 points
3. Le magasin est [a] près de [b] loin de la gare routière. — 2 points
4. Le magasin [a] vend des [b] ne vend pas des vêtements de marque. — 2 points
5. Les ballerines sont [a] plus [b] moins chères que les baskets. — 2 points

Document n° 2

Damien reçoit cette carte postale. Dites si les affirmations sont vraies (V) ou fausses (F).

> Salut Damien !
> Ça va ? Je passe quelques jours chez ma tante à Saint-Tropez. Le temps est magnifique, il fait chaud et je me baigne tous les jours. Quand je rentre, je te montre toutes mes photos !
> Bises
> Pauline

1. Pauline écrit à son professeur de français. — 2 points
2. Pauline est en vacances chez ses grands-parents. — 2 points
3. À Saint-Tropez, il fait très beau. — 2 points
4. Pauline va à la plage tous les jours. — 2 points

Document n° 3

Cyril écrit ce mail. Lisez-le et cochez la bonne réponse.

> Coucou Samir !
> Je suis à Megève pour une semaine, pour skier. Il fait un froid de canard et je fais du ski seulement deux heures par jour ! J'ai le temps de t'écrire comme ça ! ;-)
> À bientôt
> Cyril

1. Cyril est en vacances [a] à la montagne. [b] à la mer. — 2 points
2. À Megève, il fait très [a] froid. [b] chaud. — 2 points
3. Il fait du ski [a] toute la journée. [b] quelques heures par jour. — 3 points

UNITÉ 5

OBJECTIFS

- Demander à quelqu'un quand il fait quelque chose et répondre
- Parler des activités quotidiennes
- S'informer sur la fréquence et répondre
- Demander et dire l'heure

Après les cours

Saïda : Ouf ! La journée est finie. Je suis fatiguée. Tu rentres à pied ?
Kevin : Oui, j'habite près du collège. Je mets cinq minutes à pied.
Saïda : Quelle chance ! Tu te lèves tard le matin, alors ?
Kevin : Je me lève à sept heures et demie. Et toi ? Tu habites loin ? Comment tu viens au collège ?
Saïda : Oui. Je mets environ quarante-cinq minutes en bus.
Kevin : À quelle heure tu te lèves ?
Saïda : À six heures et demie. Comme ça, j'ai le temps de prendre mon petit-déj'.
Kevin : Au fait, tu participes à la compétition de natation vendredi prochain ?
Saïda : Bien sûr ! J'adore la natation : je vais à la piscine quatre fois par semaine.
Kevin : Tu nages bien alors ?
Saïda : Oui, assez. Et toi ? C'est quoi ton sport préféré ?
Kevin : Mon sport préféré, c'est le foot, mais j'aime bien la natation. Moi aussi, je participe à la compétition vendredi.
Saïda : Cool ! À quelle heure tu finis demain ?
Kevin : À quatre heures. Toi aussi ?
Saïda : Non, moi, je sors à trois heures. Quelle heure il est ?
Kevin : Il est quatre heures et quart.
Saïda : Bon, je dois y aller. Je prends le bus dans cinq minutes.
Kevin : Au fait, ça te dit d'aller à la compétition avec moi ?
Saïda : Oui, avec plaisir. Salut ! À demain.
Kevin : À demain.

UNITÉ 5 — Dialogue

Compréhension orale

1 Écoute l'enregistrement du dialogue et choisis la bonne réponse.

1. Kevin va à l'école [a] en bus [b] à pied.
2. Saïda se lève à [a] six heures et demie [b] sept heures et demie.
3. Saïda met [a] quarante [b] quarante-cinq minutes pour aller au collège.
4. Le foot est le sport préféré de [a] Saïda [b] Kevin.
5. [a] Saïda participe [b] Saïda et Kevin participent à la compétition de natation.
6. Le lendemain, Saïda sort à [a] quatre [b] trois heures.

2 Écoute de nouveau le dialogue. Dis si les affirmations sont vraies (V) ou fausses (F).

1. Saïda est fatiguée.
2. Saïda habite près du collège.
3. Le sport préféré de Kevin est le rugby.
4. Kevin déteste la natation.
5. Saïda rentre chez elle en bus.
6. Le lendemain, Kevin sort à quatre heures.

Entre AMIS
Ouf !
Petit-déj'
C'est quoi…

Compréhension écrite

3 Lis le dialogue et complète les phrases.

1. Kevin met … pour rentrer chez lui.
2. Saïda habite … du collège.
3. Elle met … pour rentrer chez elle.
4. Le vendredi suivant, il y a … de natation.
5. Kevin adore …, mais il aime aussi … .
6. Le lendemain, Kevin finit à … .

4 Lis de nouveau le dialogue et réponds aux questions.

1. À quelle heure se lève Saïda ?
2. Comment Saïda va-t-elle au collège ?
3. Combien de fois par semaine va-t-elle à la piscine ?
4. À quelle heure finit-elle le lendemain ?
5. Quelle heure est-il dans le dialogue ?
6. Dans combien de temps Saïda prend-elle le bus ?

À l'oral

5 Observe le dessin et dis où se déroule le dialogue.

6 Par groupes de deux, jouez le dialogue.

7 Dis oralement…
- où tu habites ;
- comment tu vas à l'école ;
- combien de temps tu mets pour aller à l'école ;
- quel est ton sport préféré ;
- à quelle heure tu te lèves le matin ;
- à quelle heure commencent les cours dans ton collège ;
- à quelle heure tu sors du collège.

5

Lexique

La journée d'une collégienne

1 Écoute l'enregistrement et mets chaque phrase au bon endroit.

[Elle arrive à l'école.   Elle se brosse les dents.
À midi, elle mange au réfectoire.]

1   Le matin, Saïda se lève à six heures et demie.

2   …

3   Elle s'habille.

4   Elle prend son petit-déjeuner.

5   Elle prend le bus pour aller à l'école.

6   …

7   …

8   En fin d'après-midi, elle rentre chez elle et elle fait ses devoirs.

68   Soixante-huit

UNITÉ 5 — Lexique

Le sport ? J'adore !

Jouer au...

- rugby
- foot(ball)
- volley(-ball)
- basket(-ball)

Faire...

- de la natation
- du jogging
- du vélo/du V.T.T.
- du skate(-board)
- du roller
- du ski
- de la danse
- de l'équitation
- du patinage

Joue avec les mots !

2 Complète la grille de mots croisés sur le sport à l'aide des photos.

5

Communication

Demander à quelqu'un quand il fait quelque chose et répondre

— À quelle heure tu prends le bus ?
— À sept heures et demie.

— Quand est-ce que tu vas à la piscine ?
— Jeudi soir ou vendredi après-midi.

Parler des activités quotidiennes

— À quelle heure tu te lèves quand tu vas au collège ?
— Je me lève à sept heures dix.

— Et tu rentres chez toi à quelle heure ?
— Ça dépend... Le jeudi, je rentre à trois heures, mais les autres jours, je rentre à cinq heures.

— Et quand est-ce que tu fais tes devoirs ?
— Le soir, bien sûr !

1 Associe chaque question à la réponse correspondante.

1. À quelle heure tu prends ton petit déjeuner ?
2. Quand est-ce que tu fais tes devoirs ?
3. Quand est-ce que tu vas à la piscine ?
4. Comment tu viens au collège ?
5. Tu as cours toute la matinée demain ?
6. Tu manges à la cantine tous les jours ?
7. Quels jours tu prends le bus ?
8. Tu prépares ton cartable le soir ?

a. Le mardi, le jeudi et le samedi.
b. L'après-midi et le soir.
c. Eh oui !
d. À sept heures et demie.
e. Je viens en bus.
f. Non, le matin, avant d'aller à l'école.
g. Non, je déjeune à la maison.
h. Je vais à la piscine cet après-midi, à cinq heures.

UNITÉ 5 **Communication**

S'informer sur la fréquence et répondre

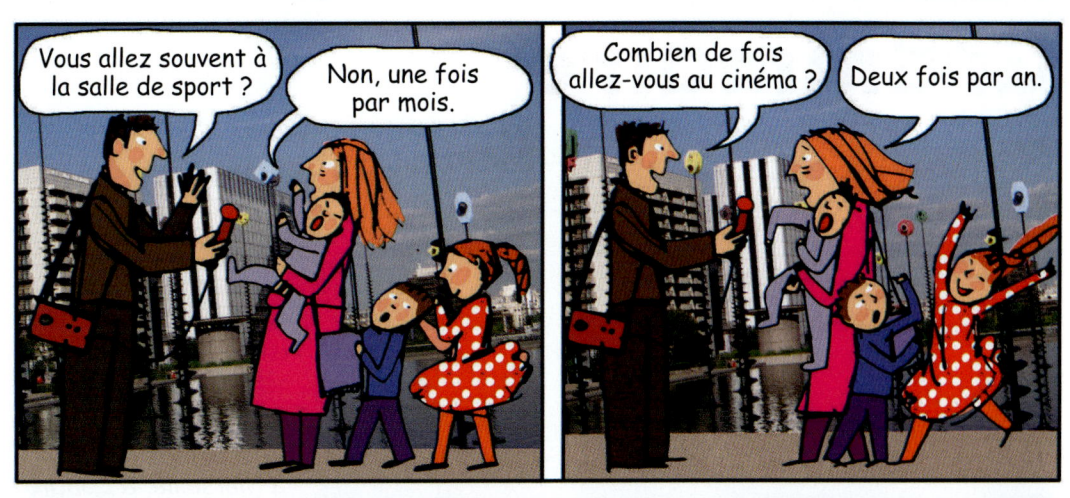

- Vous allez souvent à la salle de sport ?
- Non, une fois par mois.
- Combien de fois allez-vous au cinéma ?
- Deux fois par an.

Demander et dire l'heure

Quelle heure est-il ?
Quelle heure il est ?

Il est...

...cinq heures cinq.
...cinq heures dix.
...cinq heures et quart.
...cinq heures vingt.
...cinq heures vingt-cinq.
...cinq heures et demie.
...six heures moins vingt-cinq.
...six heures moins vingt.
...six heures moins le quart.
...six heures moins dix.
...six heures moins cinq.

Entre AMIS

Il est quelle heure ?

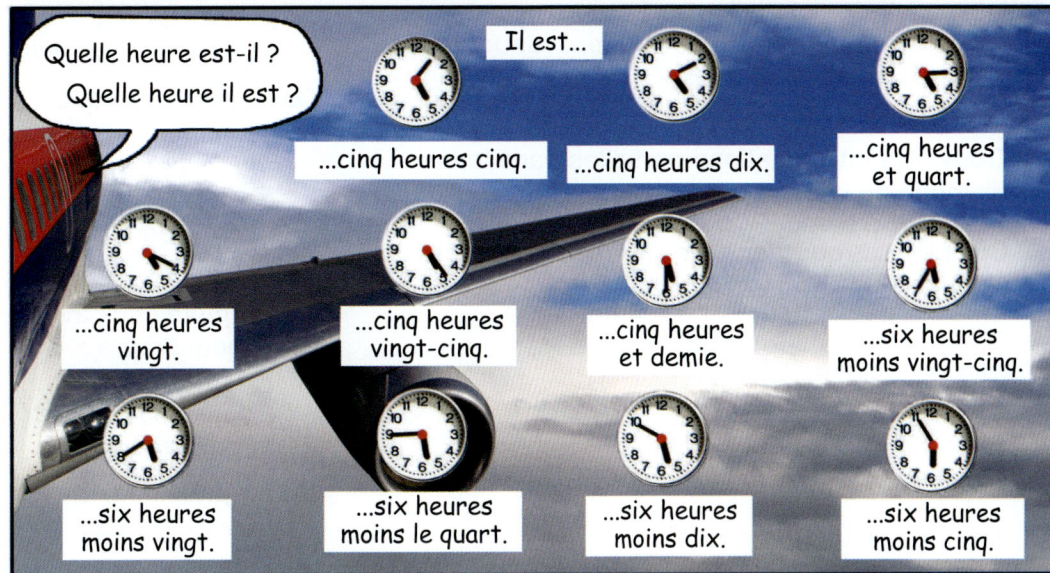

2 Observe l'agenda de Djemila et réponds aux questions.

1. Est-ce que Djemila va souvent au cours de danse ?
2. À quelle heure finit le cours de danse de Djemila ?

Danse
mardi ⎫
jeudi ⎬ 16h00/18h00
samedi ⎭

PÊLE-MÊLE

3 Associe chaque question à la réponse correspondante.

1. Tu vas souvent à la salle de sport ?
2. Combien de fois par an tu vas skier ?
3. Il est quelle heure ?
4. Quand est-ce que tu vas au cinéma ?

a. Midi.
b. Non, seulement une fois par semaine.
c. Mardi soir.
d. Deux ou trois fois.

À l'oral

4 Par groupes de deux, posez-vous des questions sur votre journée.

5

Grammaire

L'interrogation partielle

> ▶ *La forme interrogative* – p. 30
> ▶ *Pourquoi... ? Parce que...* – p. 46
>
> *Où... ?*
> *Quand... ?*
> *Comment... ?*
> *À quelle heure... ?*
>
> L'interrogation partielle est une **phrase interrogative** à laquelle on **ne peut pas répondre** par *oui* ni par *non*.

1 Trouve les interrogations partielles dans le dialogue de la page 66.

2 Complète les questions avec les mots proposés.

[à quelle heure   comment   d'où
        où   pourquoi   quand]

1. Tu viens … ? Demain.
2. … tu te lèves ? À sept heures.
3. … tu ne manges pas ? Parce que je n'ai pas faim.
4. … habitez-vous ? À Nice.
5. … venez-vous ? De Marseille.
6. … tu t'appelles ? Céline.

3 Associe chaque question à la réponse correspondante.

1. Quelle est ton adresse ?
2. Tu viens d'où ?
3. Quelle est votre nationalité ?
4. Pourquoi vous ne sortez pas ?
5. Comment vous vous appelez ?
6. À quelle heure ils arrivent ?

a. Nous nous appelons Dupont.
b. 48, rue de la Gare.
c. À trois heures.
d. De Grenoble.
e. Nous sommes espagnols.
f. Parce qu'il pleut.

Les prépositions de lieu (1)

On emploie *à* avec :
– les noms de pays au masculin singulier qui commence par une consonne ;
au Portugal, au Mexique
– tous les noms de pays au pluriel ;
aux États-Unis, aux Antilles, aux Bermudes
– un nom de ville ;
à Marseille, à Londres
– un nom de lieu.
au supermarché, à l'hôtel, à la poste

On emploie *en* avec :
– les noms de pays au féminin singulier ;
en France, en Espagne
– les noms de pays au masculin singulier qui commencent par une voyelle ;
en Iran, en Uruguay

On emploie *chez* avec :
– un nom propre ;   *chez Mathias*
– un nom ;   *chez mon cousin*
– le nom d'un commerçant ; *chez le boucher*
– un pronom tonique.   *chez moi*

On emploie *dans* avec :
– un nom de lieu ;
dans la rue
– un moyen de transport.
dans le bus

On emploie *par* avec :
– un nom de lieu, de région ou de ville pour indiquer l'endroit par où l'on passe.
passer par la France, par la Bourgogne, par Nantes

On emploie *sous/sur* avec :
– un nom de lieu.
sous la chaise   sur le canapé

4 Trouve les prépositions de lieu dans le dialogue de la page 66.

5 Complète les réponses avec la préposition de lieu qui convient.

1. Où habitez-vous ? … Strasbourg.
2. Où est ta trousse ? … mon cartable.
3. Par où passe le train ? … Rome.
4. Où sont les livres ? … l'étagère.
5. Où tu as dîné ? … ma tante.
6. Où se trouve le Massif central ? … France.

UNITÉ 5 — Grammaire

Adverbes et expressions de temps

Quand... ?
aujourd'hui
demain
hier
jamais
une, deux... fois par jour/semaine/mois/an

Combien de fois... ?
quelquefois
rarement
souvent
toujours

Les moments de la journée
le matin
le soir
(dans) l'après-midi
la nuit

6 Récris les phrases avec les mots entre parenthèses.

Ex. Elle va à la salle de sport. (*souvent*)
→ Elle va souvent à la salle de sport.

1 Ils arrivent à l'heure. (*toujours*)
2 Elles jouent au tennis. (*souvent*)
3 Ils font des randonnées. (*quelquefois*)
4 Il se lève tard. (*rarement*)
5 Elle répète les mêmes choses. (*toujours*)
6 Nous allons chez nos amis. (*souvent*)

7 Récris les phrases avec un adverbe ou une expression de temps, comme dans les exemples.

Ex. Elle s'entraîne. (*le lundi, le mardi, le jeudi*)
→ Elle s'entraîne trois fois par semaine.
Ex. Nous allons au cinéma. (*2 fois par semaine*)
→ Nous allons souvent au cinéma.

1 Ils dînent chez leurs grands-parents. (*tous les mois, deux samedis*)
2 Il fait ses devoirs. (*de 17 à 18 heures*)
3 Elle va à la piscine. (*le lundi et le jeudi*)
4 Elle boit du thé. (*le matin, le midi et le soir*)
5 Ils regardent la télé. (*de 20 à 22 heures*)
6 Il va au stade. (*une fois par mois*)

8 Récris les phrases en tenant compte de l'heure entre parenthèses, comme dans l'exemple.

Ex. Il sort pour aller à l'école. (*7 h 15*)
→ Le matin, il sort pour aller à l'école.

1 Elle prend une douche. (*7 h 00*)
2 Ils vont au théâtre. (*21 h 00*)
3 Elle va à la salle de sport. (*17 h 00*)
4 Je bois du thé. (*16 h 00*)
5 Il prend son petit-déjeuner. (*7 h 00*)
6 Elle arrive à la gare. (*7 h 50*)
7 Elle mange au restaurant. (*20 h 30*)
8 Julie va à la compétition de natation. (*18 h 15*)

Le présent de l'indicatif des verbes du 2e groupe

Les verbes du 2e groupe se terminent par *-ir* et suivent le modèle de *finir*.
Pour former le présent de l'indicatif de ces verbes, on enlève la terminaison *-ir* de l'infinitif, et on ajoute les terminaisons *-is*, *-is*, *-it*, *-issons*, *-issez*, *-issent*.

Finir			
Je	finis	Nous	finissons
Tu	finis	Vous	finissez
Il/Elle	finit	Ils/Elles	finissent

Autres verbes du 2e groupe
choisir   remplir
maigrir   réunir
obéir   réussir

Attention ! Beaucoup de verbes en *-ir* appartiennent au 3e groupe. Ils ne se conjuguent donc pas sur le modèle de *finir*.

9 Trouve le verbe du 2e groupe dans le dialogue de la page 66.

10 Complète les phrases avec le verbe *finir* au présent de l'indicatif.

1 Elle ... ses devoirs.
2 Je ... mon stage de danse.
3 Tu ... à quelle heure ?
4 Nous ... ce travail.
5 Ils ... à 19 heures.
6 Vous ... de travailler tard.

11 Complète les phrases avec le pronom personnel sujet qui convient. Parfois, plusieurs solutions sont possibles.

1 … finissons.
2 … remplis.
3 … maigrit.
4 … réussissez.
5 … choisissent.
6 … obéissons.
7 … choisis.
8 … remplissent.

12 Conjugue les verbes entre parenthèses au présent de l'indicatif.

1 Il (*obéir*) … à ses parents.
2 Nous (*choisir*) … ce voyage.
3 Le directeur (*réunir*) … ses collaborateurs.
4 Je (*remplir*) … cette bouteille.
5 Ils (*réussir*) … leur examen.
6 Elle (*choisir*) … ce journal.
7 Tu (*convertir*) … ton argent en dollars ?
8 Vous (*remplir*) … cette caisse.

Quelques verbes

Mettre, *prendre* et *sortir* sont des verbes du 3ᵉ groupe.

Mettre

Je	mets	Nous	mettons
Tu	mets	Vous	mettez
Il/Elle	met	Ils/Elles	mettent

Prendre

Je	prends	Nous	prenons
Tu	prends	Vous	prenez
Il/Elle	prend	Ils/Elles	prennent

Sortir

Je	sors	Nous	sortons
Tu	sors	Vous	sortez
Il/Elle	sort	Ils/Elles	sortent

Particularités des verbes du 1ᵉʳ groupe

Se lever

Je	me lève	Nous	nous levons
Tu	te lèves	Vous	vous levez
Il/Elle	se lève	Ils/Elles	se lèvent

Le verbe *se lever*, comme tous les verbes en -*ever*, prend un accent grave sur l'avant-dernière syllabe, quand la désinence finale est muette (-*e*, -*es*, -*ent*).

13 À quelles personnes est conjugué le verbe *se lever* dans le dialogue de la page 66 ?

14 Choisis le pronom personnel sujet qui convient.

1 a Tu   b Il   se lève.
2 a Nous b Vous prenez.
3 a Je   b Il   sors.
4 a Je   b Il   mets.
5 a Nous b Vous sortons.
6 a Je   b Il   met.
7 a Ils b Nous prennent.
8 a Tu   b Il   sors.

15 Conjugue les verbes entre parenthèses au présent de l'indicatif.

1 Nous (*prendre*) … notre petit-déjeuner.
2 Il (*mettre*) … un manteau.
3 Tu (*sortir*) … tous les jours ?
4 À quelle heures tu (*se lever*) … ?
5 Ils (*sortir*) … souvent le soir.
6 Nous (*mettre*) … le lait au frais.
7 Vous (*sortir*) … avec vos amis ?
8 Je (*prendre*) … cette veste.
9 Ils (*prendre*) … le métro.
10 Je (*soulever*) … ma valise.

Phonétique

La prononciation des diphtongues

En français, certaines diphtongues ou certains groupes de voyelles se prononcent de façon particulière. Voici les plus courants :

u [y]   tu   rue
ou [u]   tout roue

1 Écoute l'enregistrement et répète les mots que tu entends.

1 mur
2 cuisiner
3 cousin
4 cou
5 velours
6 sous
7 cour
8 publicité
9 calcul
10 parure

2 Écoute l'enregistrement et indique les mots que tu entends.

1 a tu   b tout
2 a cuisine   b cousine
3 a pur   b pour
4 a muette   b mouette

3 Écoute l'enregistrement et complète les mots avec *u* ou *ou*.

1 part...t
2 p...nition
3 ret...r
4 prév...
5 p...belle
6 p...r

ai/ei [ɛ]   maison   seize

4 Écoute l'enregistrement et répète les mots que tu entends.

1 raison
2 saison
3 peigne
4 haine
5 laine
6 peine
7 finlandais
8 vaisseau
9 sereine
10 verveine

oi [wa]   roi   voiture

5 Écoute l'enregistrement et répète les mots que tu entends.

1 toi
2 moi
3 doigt
4 soie
5 voix
6 trois

au/eau [o]   automne   drapeau

6 Écoute l'enregistrement et répète les mots que tu entends.

1 eau
2 manteau
3 sauvage
4 paume
5 seau
6 chevaux
7 pause
8 cause
9 taureau
10 daurade

7 Écoute l'enregistrement et indique les diphtongues que tu entends.

1 a au   b oi
2 a ei   b oi
3 a oi   b au
4 a ai   b oi
5 a oi   b au
6 a ou   b au

8 Écoute l'enregistrement et complète les mots avec *u*, *ou*, *ai*, *oi* ou *au*.

1 ch...ve
2 arm...re
3 mar...s
4 c...sse
5 ret...r
6 f...re
7 c...pe
8 t...lipe
9 m...stique
10 vict...re

9 Écoute l'enregistrement et complète les mots avec *u*, *ou*, *oi* ou *au*.

1 v...ture
2 man...r
3 t...pe
4 r...de
5 p...vron
6 l...mière
7 tiss...
8 R...ssie
9 t...t
10 ...sine

Civilisation

Des parcs pour tous les goûts !

En France, il y a de nombreux parcs d'attractions. Voici les plus importants ou les plus insolites.

Eurodisney

Eurodisney est situé à Marne-la-Vallée, dans la région **Île-de-France**. Il est l'équivalent européen du parc Disneyworld en Floride. Il constitue la **première destination touristique d'Europe**. Vous pouvez visiter les cinq merveilleux pays de Disneyland : Discoveryland, Adventureland, Frontierland, Fantasyland ou Main Street USA. Les personnages de Walt Disney font vivre aux visiteurs des moments inoubliables.

La Cité de l'Espace

Située à Toulouse, dans la région **Midi-Pyrénées**, la Cité de l'Espace est un parc à thème scientifique centré sur **l'univers et la conquête spatiale**. Le parc a ouvert en 1997. On peut y voir une réplique grandeur nature de la fusée Ariane et visiter beaucoup d'expositions.

Le Puy du Fou

Situé dans la région **Pays de la Loire**, le Puy du Fou est un **parc de loisirs écologique et historique**. Les visiteurs peuvent assister à de nombreux spectacles : combats de gladiateurs, invasions vikings ou aventures des Mousquetaires.

UNITÉ 5   **Civilisation**

Marineland

Situé dans la région **Provence-Alpes-Côte d'Azur**, Marineland **est le premier parc animalier marin d'Europe**. Dans ses grands bassins, il y a des dauphins, des éléphants de mer, des phoques et des otaries. Les animaux dressés exécutent des spectacles d'acrobaties qui enchantent petits et grands. On peut aussi visiter l'île magique aux oiseaux qui possède un jardin exotique peuplé de nombreux papillons.

Dino-Zoo

Dino-Zoo se trouve en **Franche-Comté**. C'est une sorte de **musée préhistorique** situé dans un parc de 12 hectares. Découvrez des reproductions de dinosaures, de mammouths et d'hommes préhistoriques grandeur nature. Vous pouvez aussi apprendre à peindre et à chasser comme l'Homme de Cro-Magnon.

1 Situe chaque parc sur la carte de la France.

2 Réponds aux questions.

1. Quel parc est la première attraction touristique en Europe ?
2. Où se trouve Marineland ?
3. Qu'est-ce que la Cité de l'Espace ?
4. Qu'est-ce qu'on peut voir à Dino-Zoo ?
5. Qu'est-ce que le Puy du Fou ?
6. Au Puy du Fou, à quoi les visiteurs peuvent-ils assister ?

Soixante-dix-sept

5 Atelier

Salut Vanessa !

Je suis à Biarritz avec le centre aéré. Nous faisons un stage de surf d'une semaine. C'est trop cool, mais c'est super fatigant aussi ! Le matin, nous commençons à 8 h 30 et nous finissons à midi. Trois heures de pause et puis nous recommençons jusqu'à 18 h 30. Au total, ça fait sept heures d'entraînement par jour ! Pas mal, hein ? Je t'appelle la semaine prochaine.

Bises

Ludovic

1 Lis le mail et réponds aux questions.

1. Où se trouve Ludovic ?
2. Qu'est-ce qu'il fait ?
3. À quelle heure commence-t-il le matin ? À quelle heure finit-il le soir ?
4. Combien d'heures s'entraîne-t-il par jour ?

2 Complète le mail de Vanessa avec les informations contenues dans le document « Les 2 Alpes ».

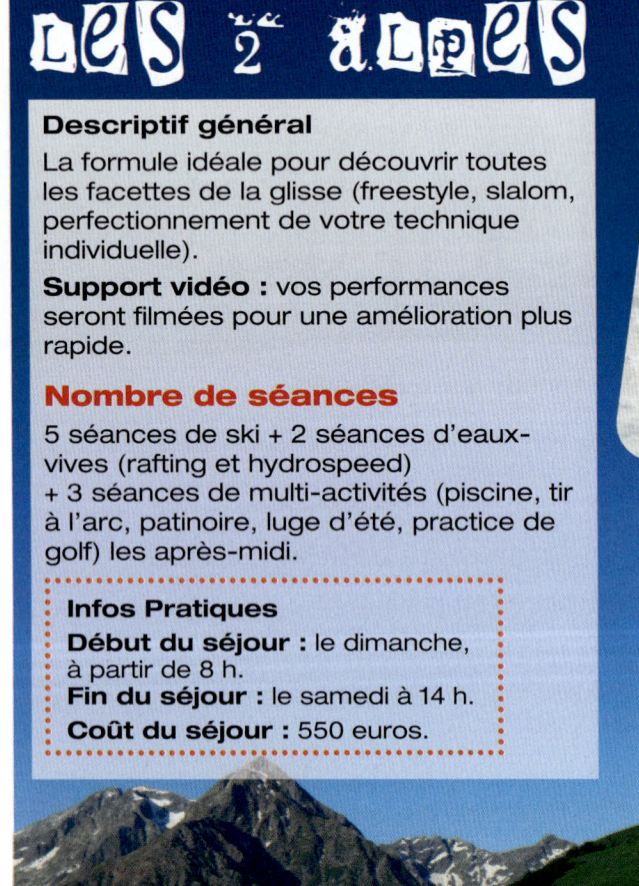

Les 2 Alpes

Descriptif général
La formule idéale pour découvrir toutes les facettes de la glisse (freestyle, slalom, perfectionnement de votre technique individuelle).

Support vidéo : vos performances seront filmées pour une amélioration plus rapide.

Nombre de séances
5 séances de ski + 2 séances d'eaux-vives (rafting et hydrospeed)
+ 3 séances de multi-activités (piscine, tir à l'arc, patinoire, luge d'été, practice de golf) les après-midi.

Infos Pratiques
Début du séjour : le dimanche, à partir de 8 h.
Fin du séjour : le samedi à 14 h.
Coût du séjour : 550 euros.

Salut Ludovic,

tu fais un stage de surf ??? C'est génial ! Moi, je vais faire du ski d'été dans les Alpes. Et avec ça, beaucoup d'autres activités comme **1** …, par exemple. En fait, je ferai 5 séances de **2** …. et puis 2 séances d' **3** … et 3 de multi-activités. Mon stage va durer une semaine. Il commence **4** … et il finit **5** … . Il coûte un peu cher (**6** …), mais j'ai économisé !

J'espère que je vais apprendre à skier, mais surtout… rencontrer plein de monde et m'amuser !
À plus !
Vanessa

UNITÉ 5 — Atelier & Certification

Certification

DELF A1 — Compréhension des écrits — durée 30 minutes — note ..... /25

Vous allez lire trois documents concernant des situations de la vie quotidienne. Vous avez 30 minutes à votre disposition pour répondre aux questionnaires de compréhension.

Document n° 1

TF1	13 h 55 – Téléfilm Les feux de l'amour	14 h 55 – Téléfilm L'enfant du secret	**france 2**	14 h 00 – Divertissement Toute une histoire	15 h 15 – Divertissement Comment ça va bien !
france 3	13 h 40 – Série Inspecteur Derrick	14 h 50 – Film Vera Cruz	**CANAL+**	14 h 00 – Film Voyage au centre de la Terre	15 h 35 – Docu-info Red Carpet : argent, gloire et célébrités

Regardez le programme de la télé et dites si les affirmations sont vraies (V) ou fausses (F).

1. La série *L'inspecteur Derrick* passe sur *France 2*. — 2 points
2. Sur *TF1*, à 13 h 55, il y a un téléfilm. — 2 points
3. Le film *Voyage au centre de la terre* passe sur *France 3*. — 2 points
4. À 14 h 55, sur *TF1*, il y a un téléfilm. — 2 points
5. A 14 h 00, sur *Canal +*, il y a un documentaire. — 2 points
6. Sur *France 2*, à 14 h 00, il y a une émission de variétés. — 2 points

Document n° 2

Regardez l'agenda de Ludovic et répondez aux questions.

LUNDI	ENTRAÎNEMENT DE FOOT	18-20 HEURES
MERCREDI	ENTRAÎNEMENT DE FOOT	14-16 HEURES
VENDREDI	ENTRAÎNEMENT DE FOOT	17-19 HEURES
DIMANCHE	MATCH	10 HEURES

1. Est-ce que Ludovic s'entraîne toujours à la même heure ? — 1 point
2. À quelle heure s'entraîne-t-il le mercredi ? — 2 points
3. Quel jour a lieu le match ? — 2 points

Document n° 3

Lisez le mail que Laurie envoie à ses amis pour les inviter à un barbecue et cochez la bonne réponse.

> Coucou !
> Samedi prochain à midi, je fais un barbecue !
> Au menu : saucisses et merguez et, bien sûr, beaucoup de gâteaux ! Ma mère prépare sa spécialité : la tarte aux fraises !
> Pour venir chez moi, vous devez prendre le bus numéro 19 et vous devez descendre au deuxième arrêt de rue Lamartine. Ma maison est juste à côté de l'école primaire.
> À samedi
> Laurie

1. Laurie habite dans
   a une maison.   b un appartement. — 2 points
2. Le barbecue commence à
   a 15 heures.   b 12 heures. — 2 points
3. Il faut descendre au
   a 2e arrêt   b 3e arrêt
   de la rue Lamartine. — 2 points
4. Laurie habite
   a à côté de   b derrière
   l'école primaire. — 2 points

UNITÉ 6

OBJECTIFS
- Demander et dire où se trouve quelque chose
- Exprimer l'étonnement
- S'informer sur la quantité et répondre
- Demander confirmation et répondre
- Décrire un logement
- Proposer à quelqu'un de faire quelque chose et répondre

Un après-midi chez Kevin

Kevin : Salut Quentin !
Quentin : Salut ! Comme il est beau ton chien ! Il s'appelle comment ?
Kevin : Ricky, c'est un caniche. Il est vieux le pauvre, il a déjà dix ans ! J'ai aussi une perruche. Elle est rouge et bleue : elle vient du Queensland, en Australie. Elle est dans une cage dans le salon.
Quentin : Elle parle, n'est-ce pas ?
Kevin : Non, elle ne parle pas : ce n'est pas un perroquet. Viens, on va dans ma chambre. Elle est à l'étage, entre la chambre de ma sœur et la chambre de mes parents.
Quentin : Comme elle est grande ta chambre, dis donc ! Tu as de la chance !
Kevin : Oui, c'est vrai. Tu sais, j'adore la musique. Tu veux voir mes derniers CD ?
Quentin : Oui, bien sûr ! Tu as beaucoup de CD ?
Kevin : Oui, j'ai beaucoup de CD.
Quentin : Ils sont où ?
Kevin : Sur le meuble à côté de la fenêtre. Il y a des CD de hard-rock, de rap, de ska, de pop et même de musique classique !
Quentin : Je vois… La musique, c'est ta passion ! Dis donc, tu connais le groupe *Les Skarabées* ?
Kevin : Bien sûr ! Bon, on descend dans la cuisine pour goûter. On fait nos devoirs d'anglais et après, on écoute un peu de musique, ça te va ?
Quentin : Bonne idée !

UNITÉ 6 — Dialogue

Compréhension orale

DELF 1 Écoute l'enregistrement du dialogue. Dis si les affirmations sont vraies (V) ou fausses (F).

1. Kevin a deux chiens.
2. Ricky est un chien.
3. Kevin a aussi un perroquet.
4. La chambre de Kevin est petite.
5. Kevin a beaucoup de CD.
6. Kevin connaît le groupe *Les Skarabées*.

DELF 2 Écoute de nouveau le dialogue et choisis la bonne réponse.

1. Ricky est ⓐ vieux ⓑ jeune.
2. Kevin a aussi un ⓐ oiseau ⓑ chat.
3. Cet animal vient d' ⓐ Afrique ⓑ Australie.
4. Cet animal est à l'intérieur d'une ⓐ cage ⓑ niche.
2. Kevin ⓐ déteste ⓑ adore la musique.
6. Les CD sont sur ⓐ un meuble ⓑ le bureau.

Entre AMIS

On à la place de *nous*.
Dis donc !
Ça te va ?

Compréhension écrite

DELF 3 Lis le dialogue et réponds aux questions.

1. De quelle race est Ricky ?
2. Quel âge a-t-il ?
3. Où se trouve la chambre de Kevin ?
4. Quel genre de musique écoute Kevin ?
5. Pourquoi est-ce que Kevin propose de descendre dans la cuisine ?
6. Que veulent faire les deux garçons après avoir fait leurs devoirs ?

4 Lis de nouveau le dialogue et complète les phrases.

1. Kevin a un chien et il a aussi … .
2. Cet animal est dans … .
3. Quentin pense que Kevin a de la chance parce que … .
4. Kevin a des CD de … .
5. La passion de Kevin, c'est … .
6. Quentin demande à Kevin s'il connaît … .

À l'oral

5 Observe le dessin et dis où se trouvent le chien de Kevin et les cartables de Quentin et Kevin.

6 Par groupes de deux, créez un dialogue. Demandez et dites si vous avez des animaux de compagnie et, si oui, lesquels. Demandez et dites comment ils s'appellent et quel âge ils ont. Ensuite, jouez ce dialogue devant toute la classe.

7 Réponds aux questions proposées.

Est-ce que tu aimes la musique ?
Quel genre de musique aimes-tu ?
Quel est ton groupe préféré ?

Lexique

Dans ma maison, il y a...

1 Écoute l'enregistrement et écris le nom des pièces qui manquent.

1 le grenier
2 le toit
3 le premier étage
4 le balcon
5 la …
6 la …
7 les W.-C./toilettes
8 le couloir
9 la fenêtre
10 les volets
11 le rez-de-chaussée
12 le palier
13 la porte d'entrée
14 le débarras
15 la …
16 la …
17 le …
18 le …
19 l'escalier
20 la cave
21 le jardin

UNITÉ 6 — Lexique

Les meubles et les appareils électroménagers

La salle de bains
- Une machine à laver
- Une douche
- Une baignoire

La cuisine
- Un four
- Un four micro-ondes
- Une cuisinière
- Un lave-vaisselle
- Un réfrigérateur (un frigo)
- Une table

Le salon
- Un canapé
- Une chaîne hi-fi
- Une télévision (un téléviseur)

La chambre
- Un oreiller
- Un lit

Joue avec les mots !

2 Écris le nom de l'objet correspondant à chaque définition.
1. C'est un meuble sur lequel on peut manger.
2. On dort dessus !
3. C'est un appareil électroménager qui permet de réchauffer ou de décongeler les aliments très rapidement.
4. C'est un appareil électroménager qui permet de laver les vêtements.

Communication

Demander et dire où se trouve quelque chose

Exprimer l'étonnement

> Où sont mes cahiers ?
> Il est où mon dictionnaire ?
> Ils sont dans ton cartable.
> Il est sur ton bureau.
> Comme/Qu'est-ce que tu es stressée, dis donc !

1 Réponds librement aux questions avec la préposition entre parenthèses.

1. Il est où ton livre ? (*dans*)
2. Il est où ton cahier ? (*sur*)
3. Où sont tes lunettes ? (*dans*)
4. Où est ton cartable ? (*sous*)
5. Elles sont où tes baskets ? (*derrière*)
6. Ils sont où tes CD ? (*sur*)

S'informer sur la quantité et répondre

Demander confirmation et répondre

> Vous avez beaucoup de chiens et de chats ?
> Oui, nous avons beaucoup de chiens, mais nous avons peu de chats.
> C'est un bouledogue anglais, n'est-ce pas ?
> Non, c'est un bouledogue français.

2 Demande à un(e) camarade s'il/elle possède les objets proposés en employant *beaucoup de*. Il/Elle te répond affirmativement ou négativement.

1. livres de français
2. classeurs
3. crayons de couleurs
4. cahiers

UNITÉ **6** Communication

Décrire un logement

> Combien y a-t-il de pièces dans cette maison ?

> Il y a six pièces. Il y a une cuisine, un salon, une salle de bains et trois chambres à coucher.

3 Écoute l'enregistrement et indique les pièces de la maison que tu entends.

1. a salle à manger b salle de séjour
2. a chambre à coucher b cuisine
3. a salle de bains b salle à manger
4. a couloir b chambre

Proposer à quelqu'un de faire quelque chose et répondre

> Venez, on va au bowling !

> D'accord !

> Non, je n'ai pas envie.

4 Crée des dialogues à partir des indications données.

1. Tu invites un(e) ami(e) à aller à la piscine et ton ami(e) accepte.
2. Tu invites un(e) ami(e) à aller au stade. Il/Elle refuse parce qu'il/elle n'a pas envie d'aller au stade.
3. Tu invites un(e) ami(e) au cinéma et ton ami(e) est d'accord.

PÊLE-MÊLE

5 Associe chaque question à la réponse correspondante.

1. Ils sont où tes CD ?
2. On va au théâtre ?
3. C'est ton prof de maths, n'est-ce pas ?
4. Tu as beaucoup de CD de ce groupe ?
5. Il y a combien de pièces ?
6. Où est la cage de la perruche ?

a. Elle est dans la cuisine.
b. Oui, j'ai dix CD.
c. Non, je n'ai pas envie.
d. Non, ce n'est pas mon prof de maths.
e. Ils sont sur les étagères.
f. Il y a cinq pièces.

À l'oral

6 Choisis un objet et dis dans quelle pièce il se trouve. Tes camarades doivent deviner de quel objet il s'agit en te demandant : « *C'est un…* ? ».

7 Décris ta maison idéale.

Quatre-vingt-cinq

Grammaire

Combien de/d'… ?

Combien de est un adverbe interrogatif. Il est invariable et sert à poser une question sur une **quantité**. On l'emploie devant un substantif **masculin** ou **féminin**, **singulier** ou **pluriel**.

Combien d'*eau/Combien de tisanes bois-tu par jour ?
Combien d'*argent/enfants a-t-elle ?

Attention ! Dans la langue parlée, *combien de* se place après le verbe.

Tu veux combien de livres ?

✱ *De* s'élide devant une **voyelle** ou un **h muet**.

1 Lis de nouveau le dialogue de la page 80 et réponds aux questions suivantes.

– Combien de CD a Kevin ?
– Et toi, combien de CD tu as ?

2 Complète les phrases avec *combien de* ou *combien d'*.

1. … animaux vous avez ?
2. … biscuits tu manges au goûter ?
3. … pièces y a-t-il dans cette maison ?
4. … frères il a ?
5. … exercices tu dois faire ?
6. … argent de poche te donnent tes parents ?

3 Trouve les questions.

1. … ? J'ai deux frères.
2. … ? Nous avons quatre chats.
3. … ? Il mange cinq barres de céréales par jour.
4. … ? J'ai deux enfants.
5. … ? Je prends trois bus pour aller au collège.
6. … ? Je vais à la piscine quatre fois par semaine.

Il y a   ▶ Révision

Il y a + *un/une/des* + nom au singulier ou au pluriel.

Il y a
– *une assiette* sur la table.
– *un débarras* au rez-de-chaussée.
– *des chats* dans le jardin.

4 Lis de nouveau le dialogue de la page 80 et réponds aux questions.

– Qu'est-ce qu'il y a dans la cage dans le salon ?
– Qu'est-ce qu'il y a sur l'étagère à côté de la fenêtre ?

5 Fais des phrases avec les mots proposés. Emploie *il y a* et les prépositions *dans* ou *sur*.

1. des livres – l'étagère
2. beaucoup de vêtements – l'armoire
3. cinq pièces – mon appartement
4. beaucoup de musées – cette ville
5. cinq livres – mon bureau
6. beaucoup de restaurants – ce quartier

6 Décris l'image en employant *il y a*.

UNITÉ 6 — Grammaire

Les prépositions de lieu (2) ▶ p. 72

1	*Devant*	Le tabouret est **devant** le miroir.	7	*Loin de*	La machine à laver est **loin de** la douche.
2	*Derrière*	Le peignoir est **derrière** la porte.	8	*Près de*	Les serviettes sont **près du** peignoir.
3	*Entre*	Le dentifrice est **entre** le savon liquide et le verre à dents.	9	*Au fond de*	La salle de bains est **au fond du** couloir.
4	*À droite*	La porte est **à droite de** la fenêtre.	10	*En face de*	Le miroir est **en face de** la douche.
5	*À gauche*	Le savon liquide est **à gauche du** dentifrice.	11	*Au milieu de*	Le tapis est **au milieu de** la pièce.
6	*À côté de*	Le lavabo est **à côté de** la baignoire.			

7 Trouve les prépositions de lieu dans le dialogue de la page 80.

8 Décris le dessin avec les prépositions que tu connais.

Les prépositions devant les noms de pays ou de régions
▶ p. 26

En et *au* indiquent le lieu, *de* indique la provenance.

– On emploie *en/de* devant des **noms de pays** et de **régions** au **féminin singulier** ou au **masculin singulier** commençant par une **voyelle**.
en France, en Allemagne, en Provence, en Uruguay
Il va **en** Suisse.   Nous venons **de** Suisse.
Je travaille **en** Alaska.   Nous venons **d'**Alaska.

– On emploie *au/du* devant des **noms de pays** et de **villes** au **masculin singulier** commençant par une **consonne**.
au Portugal, au Kenya, au Havre
Tu habites **au** Maroc.   Ils viennent **du** Maroc.

– On emploie *aux/des* devant des **noms de pays** au **pluriel**.
aux États-Unis, aux Pays-Bas, aux Maldives
Il habite **aux** États-Unis.   Elle vient **des** États-Unis.

9 Trouve les prépositions de lieu *en* et *du* dans le dialogue de la page 80. Explique pourquoi on les emploie dans ces cas-là.

10 Choisis le pays qui convient.
1 Ils sont nés au [a] France [b] Belgique [c] Brésil.
2 Ils sont en voyage d'affaires aux [a] Portugal [b] États-Unis [c] Canada.
3 Il vient du [a] Grèce [b] Belgique [c] Mexique.
4 Elle vit en [a] Pays-Bas [b] Maroc [c] Iran.
5 Elle a envie d'aller aux [a] Autriche [b] Espagne [c] Maldives.
6 Elles arrivent du [a] Danemark [b] Finlande [c] Suède.

11 Complète les phrases avec la préposition qui convient.
1 J'aime beaucoup ce voyage … Antilles.
2 Marrakech se trouve … Maroc.
3 À Pâques, nous allons … Autriche.
4 Ils viennent … Canada.
5 Ils séjournent souvent … Irlande.
6 Ils suivent un stage … Allemagne.
7 Son oncle habite … Luxembourg.
8 Ils passent leurs vacances … Turquie.

UNITÉ 6 — Grammaire & Phonétique

Quelques verbes

Connaître, *savoir*, *voir* et *vouloir* sont des verbes du 3ᵉ groupe.

Connaître
Je	connais	Nous	connaissons
Tu	connais	Vous	connaissez
Il/Elle	connaît	Ils/Elles	connaissent

Savoir
Je	sais	Nous	savons
Tu	sais	Vous	savez
Il/Elle	sait	Ils/Elles	savent

Voir
Je	vois	Nous	voyons
Tu	vois	Vous	voyez
Il/Elle	voit	Ils/Elles	voient

Vouloir
Je	veux	Nous	voulons
Tu	veux	Vous	voulez
Il/Elle	veut	Ils/Elles	veulent

12 À quelles personnes sont conjugués les verbes *connaître*, *savoir* et *vouloir* dans le dialogue de la page 80 ?

13 Complète avec le pronom personnel sujet qui convient. Parfois, plusieurs solutions sont possibles.

1. … vois
2. … savent
3. … veux
4. … voyons
5. … connaissent
6. … voit
7. … veulent
8. … connaît
9. … sait
10. … connaissons
11. … veut
12. … voient

14 Choisis le verbe qui convient.

1. Il [a] voit [b] veut partir demain.
2. Nous [a] voyons [b] voulons rentrer.
3. Tu [a] sais [b] connais où ils habitent ?
4. Vous [a] savez [b] connaissez monsieur Dupont ?
5. Tu [a] vois [b] veux une tasse de thé ?
6. Est-ce qu'il [a] voit [b] sait la vérité ?

Phonétique

Les voyelles nasales

La prononciation nasale de certaines **voyelles** ou certains **groupes de voyelles** est **typique** de la langue française.

Quand trouve-t-on une nasale ?

La prononciation nasale des voyelles se fait quand un *m* ou un *n* fait partie de la syllabe écrite.

Doit-on prononcer le m ou le n ?

NON ! Le son nasal entraîne un changement du son de la voyelle (ou du groupe de voyelles) sans que l'on prononce le *m* ou le *n*.

Quand ne faut-il pas prononcer la nasale ?

Il n'y a pas de son nasal lorsque :
– le *m* ou le *n* est double et suivi d'un *e* ;
 bon [ɔ̃] → *bonne* [ɔn]
 italien [ɛ̃] → *italienne* [ɛn]
– le *m* ou le *n* est suivi d'un *e*.
 marocain [ɛ̃] → *marocaine* [ɛn]

51 am, an/em, en [ã]
 chambre   enfant   température

52 **1** Écoute l'enregistrement et répète les mots que tu entends.

1. blanc
2. manger
3. encre
4. vent
5. temps
6. enfer
7. exemple
8. sensible
9. parent
10. plan

53 im, in/ym, yn [ɛ̃]
 important   incident   thym   syndicat

54 **2** Écoute l'enregistrement et répète les mots que tu entends.

1. inviter
2. intéressant
3. vingt
4. sympathique
5. thym
6. synthèse
7. intime
8. tinter
9. singe
10. chimpanzé
11. grimpeur
12. impair

Civilisation

Les parcs nationaux

En France, il y a dix parcs nationaux : sept se trouvent en métropole et trois, outre-mer. Découvrons ensemble certains d'entre eux.

Les parcs en métropole

Nom : Parc national des Pyrénées
Position : départements des Pyrénées-Atlantiques et des Hautes-Pyrénées.
Flore : 2 500 espèces végétales dont l'iris et le lys des Pyrénées.
Faune : rapaces, ours bruns (seulement quatre), isards, gypaètes barbus, lynx, aigles royaux. Il y a également un mammifère aquatique unique au monde, le desman des Pyrénées.

Nom : Parc national des Calanques
Position : départements des Bouches-du-Rhône et du Var.
Flore : de nombreuses espèces de la flore méditerranéenne comme la sabline de Provence.
Faune : de nombreuses espèces animales, parmi lesquelles le plus grand lézard d'Europe (le lézard ocellé).

Nom : Parc national des Cévennes
Position : départements de la Lozère, du Gard et de l'Ardèche.
Flore : on y trouve le réséda de Jacquin qui pousse presque exclusivement dans les Cévennes.
Faune : plus de 2 000 espèces d'animaux : sangliers, cerfs, chevreuils, mouflons, rapaces…
Curiosité : il y a l'un des plus grands champs de menhirs de France.

UNITÉ 6 Civilisation

Les parcs d'outre-mer

Nom : Parc amazonien de Guyane
Position : département de la Guyane.
Flore : 5 800 espèces différentes ! Orchidées, fougères, lianes et 85 variétés de palmiers.
Faune : 480 espèces de poissons d'eau douce, de reptiles, amphibiens, d'oiseaux, de mammifères (tapirs, singes, jaguars...).
Curiosité : on peut accéder au parc seulement par avion ou en pirogue.

Nom : Parc national de la Réunion
Position : département de la Réunion.
Flore : 1 600 espèces dont le bois de Laurent Martin ou le myosotis de Bourbon.
Faune : les papillons *Phorbanta* et *Salamis augustina* (la Salamide d'Augustine) et le petit reptile *Phelsuma borbonica* (lézard vert des Hauts) sont des espèces menacées.

Nom : Parc national de la Guadeloupe
Position : département de la Guadeloupe.
Flore : 100 espèces d'orchidées et des fougères qui atteignent 15 mètres de haut.
Faune : 11 espèces de chauve-souris, le lamantin et le plus grand insecte du monde qui mesure 18 cm de long (le Dynaste Hercule) !

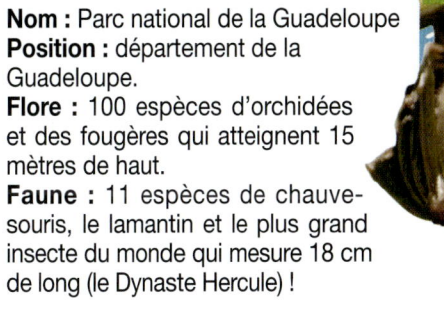

1 Lis les textes et dis si les affirmations sont vraies (V) ou fausses (F).

1. Tous les parcs nationaux français se trouvent en métropole.
2. Dans le Parc national des Pyrénées, il y a beaucoup d'ours bruns.
3. On trouve le lamantin dans le Parc national des Calanques.
4. Dans le Parc national des Calanques, on trouve le plus grand lézard d'Europe.
5. Dans le Parc national des Cévennes, on peut voir le plus grand jardin de roses de France.
6. La faune du Parc amazonien de Guyane possède 85 espèces de cerisiers.

6 Atelier

Chère Sonia,
je suis en vacances avec mes parents. Nous passons le week-end à Antibes : cette ville est géniale ! Demain, nous allons à Marineland. C'est un parc où l'on peut découvrir le monde marin. Maxence, mon cousin, dit que c'est vraiment génial ! Il y a des spectacles avec des orques et des dauphins et le show des otaries. Et en plus, on peut se baigner avec les dauphins et les caresser ! C'est super ! Et les enfants peuvent s'amuser dans la « Ferme du Far West » où il y a des poneys. Ma petite sœur est super impatiente !
À mon retour, je te raconte tout !
À plus ! Bises.
Justine

1 Lis la lettre de Justine et choisis la bonne réponse.

1. Justine [a] habite [b] passe quelques jours à Antibes.
2. Elle visite Marineland le [a] jour même [b] lendemain.
3. Marineland permet de découvrir le monde [a] de la mer [b] des fleuves.
4. Maxence [a] adore [b] déteste ce parc.
5. La « Ferme du Far West » est pour les [a] adolescents [b] enfants.
6. La petite sœur de Justine [a] est impatiente d'aller [b] ne veut pas aller à Marineland.

2 Complète la lettre de Sonia avec les mots proposés.

[adore   spectacles   super   parc   contente   connais]

Chère Justine,
je suis ¹... que tu t'amuses à Antibes. Je ne ²... pas encore Marineland, mais je voudrais bien le visiter. J' ³... les parcs qui proposent des ⁴... avec les animaux. C'est pour ça que j'aime beaucoup les parcs nationaux où je peux admirer les fleurs et les animaux. J'aime surtout les marmottes, elles sont si drôles ! C'est ⁵... ! Cet été, je visite le ⁶... des Écrins dans les Alpes.
À bientôt. Grosses bises.
Sonia

92   Quatre-vingt-douze

Certification

DELF A1 — Compréhension de l'oral — durée 20 minutes — note sur ..... /25

Vous allez entendre quatre enregistrements correspondant à quatre documents différents.
Pour chaque document, vous aurez :
- 30 secondes pour lire les questions ;
- une première écoute, puis 30 secondes de pause pour commencer à répondre aux questions ;
- une deuxième écoute, puis 30 secondes de pause pour compléter vos réponses.

Document n° 1

1. Le client cherche un appartement
   - a. de plus de 4 pièces.
   - b. d'au moins 5 pièces.
   - c. de 4 pièces maximum.

   2 points

2. L'agent immobilier propose au client un appartement de
   - a. 3 pièces.
   - b. 2 pièces.
   - c. 4 pièces.

   2 points

3. L'appartement se trouve au
   - a. deuxième étage.
   - b. troisième étage.
   - c. quatrième étage.

   2 points

4. Le client cherche un appartement au
   - a. rez-de-chaussée.
   - b. quatrième étage.
   - c. dernier étage.

   2 points

Document n° 2

1. Le nouveau garçon est de langue maternelle
   - a. française.
   - b. italienne.
   - c. espagnole.

   3 points

Document n° 3

1. L'homme qui cherche ses chaussures s'appelle
   - a. Philippe.
   - b. Sylvain.
   - c. Benoît.

   3 points

2. Les chaussures sont
   - a. derrière le canapé.
   - b. près de la porte.
   - c. sous le lit.

   3 points

Document n° 4

1. Chloé invite Alice chez elle
   - a. vendredi après-midi.
   - b. samedi après-midi.
   - c. dimanche après-midi.

   2 points

2. Chloé habite
   - a. à côté de la poste.
   - b. derrière la poste.
   - c. devant la poste.

   2 points

3. Elle habite au n°
   - a. 38.
   - b. 48.
   - c. 58.

   2 points

4. Elle habite entre le supermarché et la
   - a. boulangerie.
   - b. pharmacie.
   - c. parfumerie.

   2 points

Projets Internet

Connecte-toi au site **www.blackcat-cideb.com**. Écris le titre ou une partie du titre du livre dans la barre de recherche, puis sélectionne-le. Dans la page de présentation du livre, clique sur *Projets Internet* pour accéder aux liens des projets.

La francophonie

La météo
1 Dis quel temps il fait aujourd'hui à Berne, en Suisse, et à Québec, au Canada.
2 Choisis un endroit où tu voudrais partir en vacances. Dis quelles sont les prévisions pour les deux jours à venir.

La musique
1 Cite deux actualités musique et dis, en quelques mots, en quoi elles consistent.
2 Cherche le nom d'un artiste francophone que tu connais et écris sa biographie en quelques lignes.

Cultures du monde
1 Cite trois rubriques proposées.
2 Quelle rubrique t'intéresse tout particulièrement ? Pourquoi ?

Ce site Internet contient plein de ressources pour apprendre le français en s'amusant ! Des jeux, des clips vidéo, des émissions de télé, des reportages... Alors profites-en et navigue sur le site à la recherche de thèmes qui t'intéressent.

Le jardin du Luxembourg

L'histoire du jardin
1 À quelle période commence l'histoire du jardin ?
2 Quelle est la superficie actuelle du jardin ?
3 Pour quelles raisons Marie de Médicis aime-t-elle ce coin de Paris ?
4 Qui critiquent les aménagements d'Haussmann ? Pourquoi ?

Le patrimoine botanique du jardin

V	F		
V	F	1	La surface des serres est inférieure à 3 000 m².
V	F	2	Il y a une seule espèce d'orchidées.
V	F	3	Certains arbres sont vieux de plusieurs siècles.
V	F	4	Au rucher-école, on produit du miel.

Le patrimoine architectural du jardin
1 Où se situe l'Orangerie actuelle ?
2 Pourquoi l'appelle-t-on l'Orangerie ?
3 Combien y a-t-il de statues dans le jardin ?
4 Cite cinq statues et dis à quels thèmes elles appartiennent.

Informations pratiques
1 Est-ce que l'entrée est libre ?
2 Quels sont les horaires d'ouverture et de fermeture en avril ?

Projets Internet

Le Futuroscope

Attractions et spectacles
1. Cite deux nouvelles attractions.
2. Choisis tes trois attractions préférées : décris-les (nom, thème, descriptif de l'attraction, taille minimum, etc.) et dis pourquoi elles te plaisent.

Le parc
1. Cite deux attractions technologiques et deux pavillons.
2. À l'aide du plan, explique comment tu te rends d'une attraction ou d'un pavillon à l'autre.
3. Quelles sont les attractions technologiques que tu préfères ? Pourquoi ?
4. Quel rapport ont les jeunes avec la technologie ?

Infos pratiques et tarifs
Tu veux visiter le Futuroscope avec ta famille. Complète le dialogue à l'aide des infos pratiques.

- Pardon, quelles sont les horaires d'ouverture du Futuroscope ?
- • Ça dépend de la période, quand veux-tu y aller ?
- Au mois d'avril.
- • Quel jour ?
- Le 4.
- • Alors, ...
- À quelle heure est le spectacle nocturne ?
- • ...
- Quels sont les prix ?
- • Pour une journée ?
- Oui.
- • Pour les adultes, ..., pour les enfants de 5 à 16 ans, ..., pour les seniors à partir de 60 ans, ça coûte ... . Enfin, pour les enfants de moins de 5 ans, ... Vous êtes combien ?
- Nous sommes ... .
- • Alors, au total, ça fait ... .
- Merci. Quels sont les moyens de paiement ?
- • ... .

Tourisme en France

Infos pratiques
1. Présente la France en quelques mots : habitants, organisation administrative, climat, etc.

Les thématiques
1. Cite quatre thématiques proposées.
2. Choisis une thématique qui te plaît. Lis les informations qui t'intéressent (à découvrir, idées de séjours, actualités, etc.) et organise un séjour dans cet endroit (où, quand, activités proposées, etc.). Ensuite, présente ton séjour à tes camarades de classe.

Géographie

La division de l'espace

Le monde est divisé en plusieurs territoires. Parfois c'est la nature qui impose les frontières (**frontières naturelles**), parfois ce sont les hommes qui décident des frontières (**frontières politiques**).

Les frontières naturelles

Un endroit est parfois délimité par un élément naturel : le **bord de mer**, les **montagnes**, les **cours d'eau**… Parfois les hommes utilisent les frontières naturelles pour fixer les frontières politiques.

1 Complète les légendes avec les mots proposés.

[fleuve   île   lac   mer   massifs montagneux   océan   plateaux   plaines]

1. L'Atlantique est un … qui se trouve à l'ouest de la France.
2. La Méditerranée est une … qui se trouve au sud de la France.
3. La France possède cinq … : les Alpes, le Jura, les Vosges, les Pyrénées et le Massif central.
4. Le plus long … français s'appelle la Loire.  
5. Les … sont des étendues planes où les rivières et les fleuves coulent dans de larges vallées. En France, il y en a dans les Flandres, au Nord de la France, ou dans le Languedoc.
6. Les … sont des étendues planes où les rivières et les fleuves coulent dans des vallées creusées dans les roches. Les principaux se trouvent dans le Vercors (les Alpes) ou dans les Causses (Massif central).
7. Le … Léman est situé entre la France et la Suisse.
8. La Corse est une … .

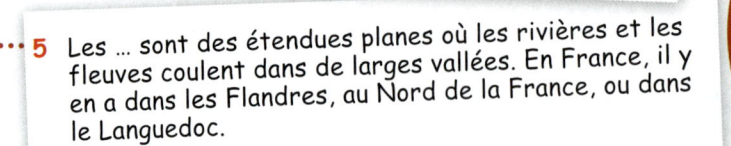

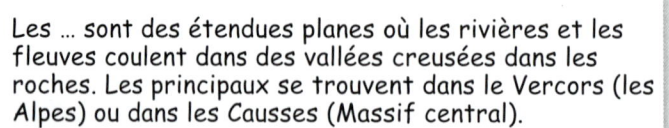

Géographie

Les frontières politiques

Le monde se divise en **territoires** de plus en plus petits.

2 Complète les légendes avec les mots proposés.

[capitale   chef-lieu   continent   départements
        monde   pays   régions   ville]

1 Le … est souvent représenté à plat.
2 L'Europe est un … .
3 La France est un … .
4 Paris est la … de la France.
5 La France se divise en 22 … administratives.
6 Bordeaux est le … de l'Aquitaine.
7 L'Aquitaine se compose de cinq … : la Dordogne, la Gironde, les Landes, le Lot-et-Garonne et les Pyrénées-Atlantiques.
8 Les habitants de la … de Bordeaux s'appellent les Bordelais.

Découvre l'Europe !

L'Union européenne compte désormais **27 pays**. L'objectif de l'Union européenne est la paix, la prospérité et la liberté pour ses **498 millions de citoyens**.

3 Écris le nom des capitales ou des pays manquants.

1 Amsterdam est la capitale des … .   2 … est la capitale de la Grèce.   3 Berlin est la capitale de l'… .
4 Bratislava est la capitale de la … .   5 Bruxelles est la capitale de la … .   6 … est la capitale de la Hongrie.
7 Copenhague est la capitale du … .   8 … est la capitale de l'Irlande.   9 … est la capitale de la Finlande.
10 La Valette est la capitale de … .   11 … est la capitale du Portugal.   12 Ljubljana est la capitale de la … .
13 … est la capitale du Royaume-Uni.   14 … est la capitale du Luxembourg.   15 Madrid est la capitale de l'… .
16 … est la capitale de Chypre.   17 Prague est la capitale de la … .   18 Riga est la capitale de la … .
19 … est la capitale de l'Italie.   20 … est la capitale de la Suède.   21 Tallinn est la capitale de l'… .   22 … est la capitale de la Pologne.   23 Vienne est la capitale de l'… .   24 Vilnius est la capitale de la … .   25 … est la capitale de la Roumanie.   26 Sofia est la capitale de la … .   27 … est la capitale de la France.

Géographie urbaine

La ville

Chaque ville a son patrimoine et son paysage urbains, mais certains éléments sont communs à toutes les grandes villes.

Les voies de communication

Les artères de communication s'adaptent au paysage et aux besoins de la ville : circulation importante, éléments naturels comme les cours d'eau…

1 Associe chaque définition à la plaque correspondante.

a Large voie plantée d'arbres ou faisant le tour d'une ville sur l'emplacement des anciens remparts.
b Voie bordée de maisons dans une agglomération.
c Large voie urbaine souvent bordée d'arbres.
d Espace découvert, généralement entouré de constructions.
e Voie soutenue par un mur le long d'un cours d'eau.
f Construction reliant les deux berges d'un fleuve.

1 PLACE D'ITALIE
2 RUE MONGE
3 PONT NEUF
4 QUAI DE GRENELLE
5 BOULEVARD DES INVALIDES
6 AVENUE HOCHE

Les moyens de transport urbains

Une ville est organisée selon un réseau urbain où l'on peut se déplacer de différentes façons. Dans une grande ville, les gens utilisent leur **véhicule personnel** (voiture, scooter…), mais aussi les **transports en commun** qui varient selon l'importance de la ville.

2 De quel moyen de transport s'agit-il ? Associe chaque description au moyen de transport correspondant.

a Ce moyen de transport public circule en surface. Il fait plusieurs arrêts. Il suit un parcours fixe. Le point d'arrivée s'appelle le *terminus*.

b C'est un moyen de transport public. Il circule sous terre. Il s'arrête dans plusieurs stations. C'est un moyen de transport très rapide.

c C'est un moyen de transport très pratique mais cher. Vous l'appelez et il vient vous chercher pour vous emmener où vous voulez. Vous payez sur la base de la durée du trajet.

1 Le métro
2 Le bus
3 Le scooter

Géographie urbaine

Les édifices

On trouve certains édifices dans le centre-ville des grandes agglomérations. Ils sont parfois de véritables œuvres d'art architecturales.

3 Visite guidée. Complète la légende des images avec les mots proposés.

1 … Charles-de-Gaulle. 
2 … de France. 
3 … de Chambord. 
4 … du Nord.
5 … de Varsovie. 
6 … de Saint-Germain-l'Auxerrois. 
7 … ou la mairie de Paris. 
8 … de l'Opéra.

[la gare
l'hôtel de ville
l'église
la fontaine
le château
l'aéroport
le stade
le théâtre]

4 Le tram(way)

5 La voiture

6 Le taxi

d C'est un moyen de transport public électrique. Il circule en surface. Ce vieux moyen de transport est revenu à la mode depuis quelques années.

e C'est un moyen de transport personnel. Il est très utilisé, mais il cause beaucoup de problèmes de circulation et de pollution.

f C'est un moyen de transport personnel. Il peut transporter une ou deux personnes. Il permet de se déplacer facilement malgré la circulation.

Quatre-vingt-dix-neuf 99

La biocénose

La biocénose est l'**ensemble des organismes vivants** (animaux, végétaux et bactéries) qui vivent dans un certain milieu.

La faune

La faune comprend l'**ensemble des animaux d'une certaine zone**.

A Les animaux domestiques

Les animaux domestiques sont des animaux domestiqués par l'homme. Ce sont des animaux d'**élevage** ou des animaux de **compagnie**.

1 Indique le nom de l'animal correspondant à chaque image.

[
le chien
le chat
le hamster
le mouton
le lapin
la vache
le poisson rouge
la poule
]

B Les animaux sauvages

Les animaux sauvages vivent en liberté **dans la nature** et ils ne vivent pas au contact de l'homme.

2 Indique le nom de l'animal correspondant à chaque image.

[
le lion
l'éléphant
le sanglier
la gazelle
le zèbre
le guépard
le cerf
la panthère
]

La flore

La flore est l'**ensemble des espèces végétales** qui poussent dans une région déterminée.

A Les fleurs

Les fleurs sont surtout utilisées pour la **décoration** intérieure et extérieure. Certaines fleurs sont aussi exploitées en **agriculture**. Citons, par exemple, le tournesol à partir duquel on produit l'huile de tournesol.

3 Indique le nom de la fleur correspondant à chaque image.

[la marguerite   la violette
  le dahlia   le géranium
  le tournesol   le lilas
  le mimosa   la primevère]

B Les plantes aromatiques

4 Indique le nom de la plante aromatique correspondant à chaque image.

[l'origan   le romarin   le basilic
  le thym   la sauge
  la menthe   le laurier   le persil]

Cent un 101

Les fibres et les matériaux

Les **fibres** servent à réaliser différents types de vêtements et de tissus. Les **matériaux** sont des matières d'origine **naturelle** ou **artificielle** que l'homme utilise pour fabriquer des objets.

Les fibres

Elles se divisent en **fibres naturelles** (coton, lin, laine, chanvre, soie, jute…), qui sont d'origine animale ou végétale, et **fibres artificielles** (nylon, polyamide, viscose…), qui sont fabriquées par l'homme.

1 Indique le nom de la fibre qui compose chaque vêtement.

[la laine   le lin   le nylon
la soie   la viscose   le coton]

2 Dis si chaque fibre de l'exercice précédent est d'origine naturelle (N) ou d'origine artificielle (A).

Physique

Les matériaux

Les matériaux peuvent être divisés en plusieurs catégories. On distingue quatre grandes familles : les **métaux** (le fer, l'or...), les **minéraux** (le diamant, l'argile...), les **matériaux composites**, formés grâce à l'assemblage de différents constituants pour obtenir une plus grande résistance (le formica, par exemple, est formé de bois et de résine artificielle) et les **matériaux organiques** (le bois, le cuir...). On les trouve dans la vie de tous les jours même si, souvent, on ne s'en rend pas compte.

3 Complète les phrases avec les matériaux proposés.

1. une barquette en ... . 
2. des assiettes en ... . 
3. une enveloppe en ... .

[argent acier papier fer polystyrène carton aluminium cuir bois plastique]

4. une boîte en ... .
5. un cadenas en ... .
6. une ceinture en ... . 
7. un sucrier en ... . 
8. une table en ... . 
9. une casserole en ... . 
10. un râteau en ... .

Verbes

Auxiliaires

Être

Indicatif	Impératif
Présent	
Je suis	
Tu es	Sois !
Il/Elle est	
Nous sommes	Soyons !
Vous êtes	Soyez !
Ils/Elles sont	

Avoir

Indicatif	Impératif
Présent	
J' ai	
Tu as	Aie !
Il/Elle a	
Nous avons	Ayons !
Vous avez	Ayez !
Ils/Elles ont	

Verbes en –er du 1er groupe

Parler

Indicatif	Impératif
Présent	
Je parle	
Tu parles	Parle !
Il/Elle parle	
Nous parlons	Parlons !
Vous parlez	Parlez !
Ils/Elles parlent	

Appeler

Indicatif	Impératif
Présent	
J' appelle	
Tu appelles	Appelle !
Il/Elle appelle	
Nous appelons	Appelons !
Vous appelez	Appelez !
Ils/Elles appellent	

Lever (se)

Indicatif	Impératif
Présent	
Je me lève	
Tu te lèves	Lève-toi !
Il/Elle se lève	
Nous nous levons	Levons-nous !
Vous vous levez	Levez-vous !
Ils/Elles se lèvent	

Verbes en –ir du 2e groupe

Finir

Indicatif	Impératif
Présent	
Je finis	
Tu finis	Finis !
Il/Elle finit	
Nous finissons	Finissons !
Vous finissez	Finissez !
Ils/Elles finissent	

Choisir

Indicatif	Impératif
Présent	
Je choisis	
Tu choisis	Choisis !
Il/Elle choisit	
Nous choisissons	Choisissons !
Vous choisissez	Choisissez !
Ils/Elles choisissent	

Verbes irréguliers du 3e groupe

Aller

Indicatif	Impératif
Présent	
Je vais	
Tu vas	Va !
Il/Elle va	
Nous allons	Allons !
Vous allez	Allez !
Ils/Elles vont	

Connaître

Indicatif	Impératif
Présent	
Je connais	
Tu connais	Connais !
Il/Elle connaît	
Nous connaissons	Connaissons !
Vous connaissez	Connaissez !
Ils/Elles connaissent	

Faire

Indicatif	Impératif
Présent	
Je fais	
Tu fais	Fais !
Il/Elle fait	
Nous faisons	Faisons !
Vous faites	Faites !
Ils/Elles font	

Mettre

Indicatif	Impératif
Présent	
Je mets	
Tu mets	Mets !
Il/Elle met	
Nous mettons	Mettons !
Vous mettez	Mettez !
Ils/Elles mettent	

Pouvoir

Indicatif	Impératif
Présent	
Je peux	
Tu peux	
Il/Elle peut	Inusité
Nous pouvons	
Vous pouvez	
Ils/Elles peuvent	

Prendre

Indicatif	Impératif
Présent	
Je prends	
Tu prends	Prends !
Il/Elle prend	
Nous prenons	Prenons !
Vous prenez	Prenez !
Ils/Elles prennent	

Savoir

Indicatif	Impératif
Présent	
Je sais	
Tu sais	Sache !
Il/Elle sait	
Nous savons	Sachons !
Vous savez	Sachez !
Ils/Elles savent	

Sortir

Indicatif	Impératif
Présent	
Je sors	
Tu sors	Sors !
Il/Elle sort	
Nous sortons	Sortons !
Vous sortez	Sortez !
Ils/Elles sortent	

Venir

Indicatif	Impératif
Présent	
Je viens	
Tu viens	Viens !
Il/Elle vient	
Nous venons	Venons !
Vous venez	Venez !
Ils/Elles viennent	

Voir

Indicatif	Impératif
Présent	
Je vois	
Tu vois	Vois !
Il/Elle voit	
Nous voyons	Voyons !
Vous voyez	Voyez !
Ils/Elles voient	

Vouloir

Indicatif	Impératif
Présent	
Je veux	
Tu veux	Veux*/Veuille !
Il/Elle veut	
Nous voulons	Voulons*/Veuillons !
Vous voulez	Voulez*/Veuillez !
Ils/Elles veulent	

* Les formes **veux**, **voulons**, **voulez** sont presque exclusivement utilisées dans les expressions :
Ne m'en veux pas !   Ne lui en voulons pas !
Ne lui en voulez pas !

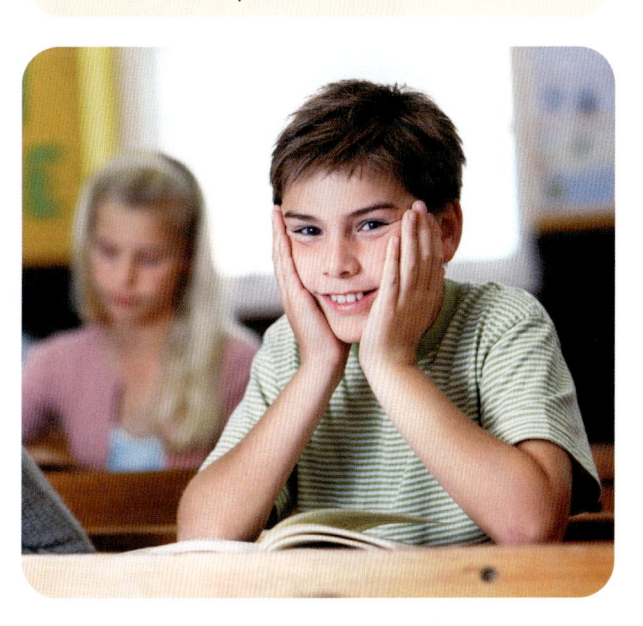

La France physique

La France administrative

La Guadeloupe

La Martinique

La Guyane

La Réunion

01 AIN	27 EURE	54 MEURTHE-ET-MOSELLE	76 SEINE-MARITIME
02 AISNE	28 EURE-ET-LOIR	55 MEUSE	77 SEINE-ET-MARNE
03 ALLIER	29 FINISTÈRE	56 MORBIHAN	78 YVELINES
04 ALPES-DE-HAUTE-PROVENCE	30 GARD	57 MOSELLE	79 SÈVRES (Deux)
05 ALPES (Hautes)	31 GARONNE (Haute)	58 NIÈVRE	80 SOMME
06 ALPES-MARITIMES	32 GERS	59 NORD	81 TARN
07 ARDÈCHE	33 GIRONDE	60 OISE	82 TARN-ET-GARONNE
08 ARDENNES	34 HÉRAULT	61 ORNE	83 VAR
09 ARIÈGE	35 ILLE-ET-VILAINE	62 PAS-DE-CALAIS	84 VAUCLUSE
10 AUBE	36 INDRE	63 PUY-DE-DÔME	85 VENDÉE
11 AUDE	37 INDRE-ET-LOIRE	64 PYRÉNÉES-ATLANTIQUES	86 VIENNE
12 AVEYRON	38 ISÈRE	65 PYRÉNÉES (Hautes)	87 VIENNE (Haute)
13 BOUCHES-DU-RHÔNE	39 JURA	66 PYRÉNÉES-ORIENTALES	88 VOSGES
14 CALVADOS	40 LANDES	67 RHIN (Bas)	89 YONNE
15 CANTAL	41 LOIR-ET-CHER	68 RHIN (Haut)	90 BELFORT (Territoire de)
16 CHARENTE	42 LOIRE	69 RHÔNE	91 ESSONNE
17 CHARENTE-MARITIME	43 LOIRE (Haute)	70 SAÔNE (Haute)	92 HAUTS-DE-SEINE
18 CHER	44 LOIRE-ATLANTIQUE	71 SAÔNE-ET-LOIRE	93 SEINE-ST-DENIS
19 CORRÈZE	45 LOIRET	72 SARTHE	94 VAL-DE-MARNE
2A CORSE-DU-SUD	46 LOT	73 SAVOIE	95 VAL D'OISE
2B HAUTE-CORSE	47 LOT-ET-GARONNE	74 SAVOIE (Haute)	
21 CÔTE-D'OR	48 LOZÈRE	75 PARIS	
22 CÔTES-D'ARMOR	49 MAINE-ET-LOIRE		
23 CREUSE	50 MANCHE		
24 DORDOGNE	51 MARNE		
25 DOUBS	52 MARNE (Haute)		
26 DRÔME	53 MAYENNE		

cent sept 107

Le métro de Paris

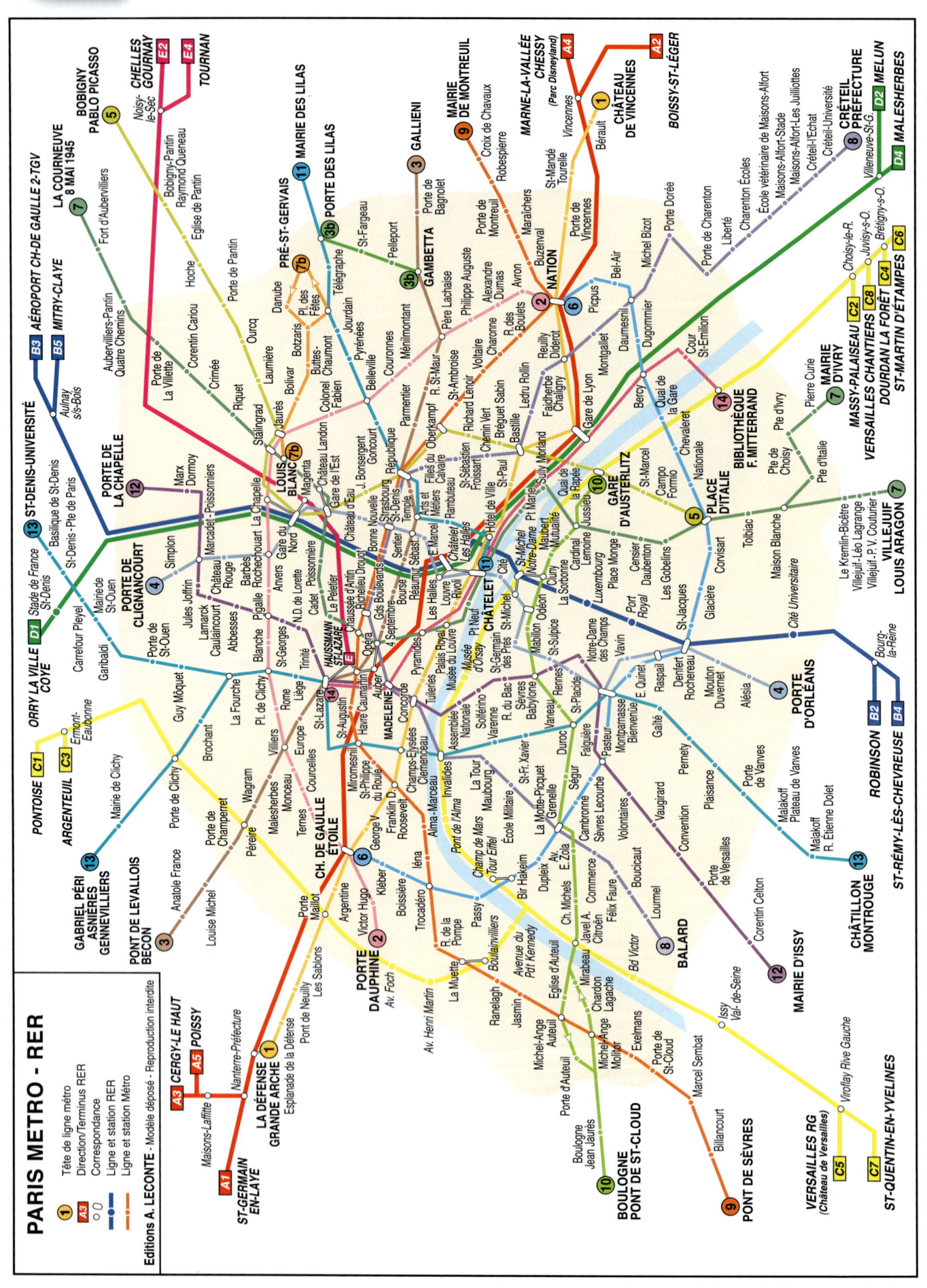

Alphabet et alphabet phonétique

L'alphabet

L'alphabet français est constitué de 26 lettres : 6 voyelles et 20 consonnes.

A, a [a]	B, b [be]	C, c [se]	D, d [de]	E, e [ə]	F, f [ɛf]	G, g [ʒe]
H, h [aʃ]	I, i [i]	J, j [ʒi]	K, k [ka]	L, l [ɛl]	M, m [ɛm]	N, n [ɛn]
O, o [o]	P, p [pe]	Q, q [ky]	R, r [ɛʀ]	S, s [ɛs]	T, t [te]	U, u [y]
V, v [ve]	W, w [dubləve]	X, x [iks]	Y, y [igʀɛk]	Z, z [zɛd]		

Les lettres de l'alphabet sont de genre masculin. *Le mot cycle s'écrit avec un **y**.*
Nommer chaque lettre d'un mot se dit *épeler*. *Vous pouvez **épeler**, s'il vous plaît ?*

L'alphabet phonétique international

L'alphabet phonétique international est un système de symboles conventionnels utilisés pour indiquer de manière uniforme les sons des différentes langues. Ces symboles indiquent le son correspondant à une certaine graphie et sont inscrits entre crochets [ ]. On trouve la transcription phonétique des mots dans le dictionnaire.

Semi-voyelles

[j]	yeux	[jø]
[w]	oui	[wi]
[ɥ]	tuile	[tɥil]

Voyelles

Symbole	Graphie	Prononciation
[a]	cave	[kav]
[ɑ]	gâteau	[gɑto]
[e]	été	[ete]
[ɛ]	mère	[mɛʀ]
[ə]	de	[də]
[i]	mythe	[mit]
[i]	cire	[siʀ]
[o]	chose	[ʃoz]
[ɔ]	note	[nɔt]
[ø]	feu	[fø]
[œ]	cœur	[kœʀ]
[u]	tout	[tu]
[y]	tu	[ty]
[ã]	vent	[vã]
[ɛ̃][1]	pain	[pɛ̃]
[õ]	compte	[kõt]
[œ̃][1]	un	[œ̃]

Consonnes

Symbole	Graphie	Prononciation
[b]	bar	[baʀ]
[d]	dame	[dam]
[f]	fer	[fɛʀ]
[g]	grand	[gʀã]
[l]	lit	[li]
[m]	mur	[myʀ]
[n]	numéro	[nymeʀo]
[p]	port	[pɔʀ]
[k]	quart	[kaʀ]
[ʀ]	radio	[ʀadjo]
[s]	sage	[saʒ]
[t]	trop	[tʀo]
[v]	vente	[vãt]
[z]	zone	[zon]
[ʃ]	chat	[ʃa]
[ʒ]	jardin	[ʒaʀdɛ̃]
[ɲ]	signe	[siɲ]
[ŋ]	camping	[kãpiŋ]

[1] Aujourd'hui, on ne fait plus la différence entre ces deux sons.

Index analytique

A
À p. 46, 58, 72
À l' p. 46
À la p. 46
À quelle heure ? p. 72
Accent aigu p. 33, 61
Accent circonflexe p. 33, 61
Accent grave p. 33, 61
Accent orthographique p. 33, 61
Accent tonique p. 33
Adjectifs de nationalité p. 32
Adjectifs démonstratifs p. 58
Adjectifs en -e, -è, -en, -f, -x p. 32, 45
Adjectifs numéraux cardinaux p. 19, 33, 47
Adjectifs possessifs p. 31
Adverbes de temps p. 73
Adverbes interrogatifs p. 30
Aller p. 32
Alphabet p. 19
Appeler (s') p. 18
Après-midi (l') p. 73
Articles contractés p. 46
Articles définis p. 16
Articles indéfinis p. 16
Au p. 46, 72, 88
Aujourd'hui p. 73
Aux p. 46, 88
Auxiliaires p. 17, 32
Avec p. 58
Avoir p. 32, 60
Avoir pour exprimer des sensations p. 60

C
C'est, ce sont p. 44
Ce + être p. 44
Ce, cet, cette, ces p. 58
Chez p. 58, 72
Choisir p. 73
Combien de/d'... p. 86
Comment p. 30, 72
Connaître p. 89
Côté de (à) p. 87

D
D'où p. 30
Dans p. 58, 72
De p. 46, 58, 88
De l' p. 46
De la p. 46
Demain p. 73
Derrière p. 77
Des p. 16, 46, 88
Devant p. 87
Diphtongues p. 75
Droite (à) p. 87
Du p. 46, 88

E
Elle, elles p. 16, 30, 58
En p. 72, 88
En face de p. 87
Entre p. 87
Est-ce que p. 30
Être p. 17
Être là p. 45
Eux p. 30, 58

F
Faire p. 47, 60
Faire dans les tournures impersonnelles p. 60
Féminin p. 17, 32, 45
Finales muettes p. 47
Finir p. 73
Fond de (au) p. 87

G
Gauche (à) p. 87
Groupes de voyelles p. 75

H
Hier p. 73

I
Il, ils p. 16
Il + être p. 44
Il y a p. 45, 86
Impératif affirmatif p. 60
Interrogation partielle p. 72
Interrogative (forme) p. 30
Intonation p. 30
Inversion du sujet p. 30

J
Jamais p. 73
Je p. 16

L
Le, la, l', les p. 16
Leur, leurs p. 31
Lever (se) p. 74
Liaison p. 61
Liaison avec les nombres p. 61
Loin de p. 87
Lui p. 30, 58

M
Ma p. 31
Maigrir p. 73
Matin (le) p. 73
Me p. 18
Mes p. 31
Mettre p. 74
Milieu de (au) p. 87
Moi p. 30, 58
Mon p. 31

N
Nasales (voyelles) p. 89
Ne... pas p. 30
Ne... plus p. 59
Négative (forme) p. 30, 59
Nombres de 0 à 20 p. 19
Nombres de 21 à 69 p. 33
Nombres de 70 à 101 p. 47
Noms en -e, -é, -en, -f, -x, p. 32, 45
Nos p. 31
Notre p. 31
Nous p. 16, 18, 30, 58
Nuit (la) p. 73

O
Obéir p. 73
Où p. 30, 72

P
Par p. 72
Parce que p. 46
Parler p. 17, 60
Particularités des verbes du 1er groupe p. 18, 74
Pluriel p. 17
Possession (expression de la) p. 58
Pour p. 58
Pourquoi ? p. 46
Pouvoir p. 47
Prendre p. 74
Prépositions p. 58, 72, 87
Prépositions de lieu p. 72, 87
Prépositions devant les noms de pays ou de régions p. 72, 88
Près de p. 87
Présent de l'indicatif p. 17, 18, 32, 47, 73, 74, 89
Pronoms après les prépositions p. 58
Pronoms interrogatifs p. 30
Pronoms personnels réfléchis p. 18
Pronoms personnels sujets p. 16
Pronoms personnels toniques p. 30

Q
Qu'est-ce que... ? p. 30
Qu'est-ce que c'est ? p. 44
Quand p. 30, 72
Quel(s), quelle(s) p. 30
Quelquefois p. 73
Qui (pron. interr.) p. 30
Qui est-ce ? p. 44

R
Rarement p. 73
Registre formel p. 59
Registre informel p. 59
Remplir p. 73
Réunir p. 73
Réussir p. 73

S
Sa p. 31
Sans p. 58
Savoir p. 89
Se p. 18
Ses p. 31
Soir (le) p. 73
Son p. 31
Sons :
  [y] p. 75
  [u] p. 75
  [ɛ] p. 75
  [wa] p. 75
  [o] p. 75
  [ã], [ɛ̃] p. 89
Sortir p. 74
Sous p. 72
Souvent p. 73
Sur p. 72

T
T euphonique p. 30
Ta p. 31
Te p. 18
Temps (expressions de) p. 73
Tes p. 31
Toi p. 30, 58
Ton p. 31
Toujours p. 73
Tu p. 16, 59
Tutoyer p. 59

U
Un, une p. 16
Une, deux, trois... fois par jour, semaine, mois, an p. 73

V
Venir p. 32
Verbes du 1er groupe p. 17, 18, 74
Verbes du 2e groupe p. 73
Verbes du 3e groupe p. 32, 47, 74, 89
Voir p. 89
Vos p. 31
Votre p. 31
Vouloir p. 89
Vous p. 16, 18, 30, 59
Vouvoyer p. 59
Voyelles nasales p. 89

Configuration minimale requise

Apple Macintosh
Processeur : PowerPC ou Intel 1Ghz ou supérieur
Système d'exploitation : mac OS 10.4 ou supérieur
Mémoire ram : 1GB ou supérieur

Compatibles Windows
Processeur : 1Ghz ou supérieur
Système d'exploitation : MS Windows XP, Vista, 7
Mémoire ram : 512MB o superiore

Compatibles Linux
Processeur : 1Ghz ou supérieur
Système d'exploitation : Red Hat 5, openSUSE 11, Ubuntu 7.10 ou supérieur
Mémoire ram : 512MB ou supérieur

Navigateur avec plugin flash
Le CD ne nécessite aucune installation

Contrat de licence mono-utilisation :
Tous Ensemble

IMPORTANT : LIRE ATTENTIVEMENT
Le présent Contrat est un accord conclu entre l'utilisateur ou l'acquéreur et Cideb. Aux termes de ce Contrat, tout support de logiciel ou tout matériel imprimé d'accompagnement, ainsi que toute activité autorisée, doivent être utilisés et effectués conformément aux conditions spécifiées dans le présent Contrat. Si l'utilisateur n'est pas d'accord avec les conditions et les termes de ce Contrat, il est tenu de restituer, dans les plus brefs délais, la totalité de la publication (le présent Contrat, la totalité du logiciel, les documents imprimés, la boîte, ainsi que tout autre élément acquis), accompagnée du ticket de caisse, afin d'obtenir le remboursement du montant de l'achat.

L'UTILISATEUR EST AUTORISÉ À :
Utiliser (installer de façon temporaire ou permanente) un seul exemplaire du logiciel sur un seul ordinateur à la fois. Si l'ordinateur est connecté à un réseau, le logiciel devra être installé de façon à ce que les autres ordinateurs ne puissent pas y accéder. Pour utiliser le logiciel dans un réseau ou un site, il faut se reporter à la version du Contrat de Licence pour l'utilisateur concernant le réseau ou le site. Utiliser le logiciel à des fins didactiques, à condition qu'il soit installé sur un seul ordinateur. Transférer le logiciel d'un ordinateur à un autre, à condition qu'il ne soit utilisé que par un seul ordinateur à la fois. Imprimer certaines parties de l'écran à partir du CD (a) à des fins d'apprentissage individuel ou (b) pour les insérer dans des descriptions ou des instructions pour les apprenants. Photocopier certaines parties de l'écran à des fins didactiques.

L'UTILISATEUR N'EST PAS AUTORISÉ À :
Louer, louer en crédit bail ou vendre le logiciel ou tout autre élément composant la publication. Copier des documents, en partie ou dans leur totalité, sauf indication contraire prévue par le Contrat. Effectuer des copies du logiciel, y compris des sauvegardes. Modifier, décompiler, démonter le logiciel ou créer des produits dérivés des contenus de la base de données ou de tout logiciel inclus. Utiliser le logiciel sur plusieurs ordinateurs à la fois. Installer le logiciel sur un ordinateur en réseau ou un serveur en permettant aux autres ordinateurs du réseau d'y accéder. Utiliser du matériel ou un logiciel spécial contenu dans le CD avec d'autres produits ou logiciels, hormis ce qui est indiqué dans la partie « L'UTILISATEUR EST AUTORISÉ À ». Utiliser le logiciel d'une manière qui n'a pas été mentionnée ci-dessus, sans l'accord préalable de Cideb. Imprimer plusieurs pages à la fois.

UN SEUL EXEMPLAIRE :
La Licence fournie concerne un seul et unique exemplaire du logiciel. CIDEB SE RÉSERVE LE DROIT DE RÉSILIER LE PRÉSENT CONTRAT PAR COURRIER ET D'INTENTER UNE ACTION EN JUSTICE POUR PRÉJUDICES CAUSÉS À LA CIDEB. EN CAS DE NON-EXÉCUTION DES CLAUSES DU CONTRAT. Le propriétaire du logiciel est Cideb. L'utilisateur est uniquement propriétaire du support sur lequel est enregistré le logiciel.

Rédaction : Maréva Bernède, Maria Gabriella Canelli, Sarah Negrel
Projet graphique et couverture : Tiziana Pesce
Mise en page : Carla Devoto, Tiziana Pesce, Edit 3000
Recherche iconographique : Alice Graziotin, Laura Lagomarsino
Illustrations de couverture et dessins : Giulia Orecchia
Coordination graphique : Simona Corniola
Responsable technique : Riccardo Massaro

Direction artistique : Nadia Maestri

Crédits photographiques : Photos.com ; Istockphoto ; Dreamstime ; De Agostini Picture Library : p. 20 b ; Tips Images ; Philippe Lissac/Godono/Tips Images : p. 21 c ; De Agostini Picture Library : p. 21 b ; De Agostini Picture Library : p. 34 b ; © Gianni Dagli Orti/CORBIS : p. 35 hd ; JACK GUEZ/Getty Images : p. 49 hg ; De Agostini Picture Library : p. 62 b ; De Agostini Picture Library: p. 63 c ; De Agostini Picture Library: p. 63 b ; Tips Images : p. 64 hg ; Richard Bord/ Getty Images : p. 76 h ; Tips Images : p. 76 b.

© 2013 Cideb

Première édition : janvier 2013

Tous droits réservés. Toute représentation ou reproduction intégrale ou partielle de la présente publication ne peut se faire sans le consentement de l'éditeur.

L'éditeur reste à la disposition des ayants droit qui n'ont pu être joints, malgré tous ses efforts, pour d'éventuelles omissions involontaires et/ou inexactitudes d'attribution dans les références.

Pour toute suggestion ou information, la rédaction peut être contactée à l'adresse suivante :
info@blackcat-cideb.com

| Réimpression : | 8 9 10 11 |
| Année : | 2019 2020 |

Imprimé en Italie par Litoprint, Gênes

1

Julien **Gauthier** Lidia **Parodi** Marina **Vallacco**

Tous ensemble !

Cahier d'exercices

Sommaire

Unité 1

Dialogue	p. 4
Lexique	p. 5
Communication	p. 6
Grammaire	
Les pronoms personnels sujets	p. 7
Les articles définis et indéfinis	p. 7
La formation du féminin et du pluriel	p. 9
Le présent de l'indicatif du verbe *être*	p. 10
Le présent de l'indicatif des verbes du 1er groupe	p. 10
Phonétique	p. 11
Fais le point !	p. 12

Unité 2

Dialogue	p. 14
Lexique	p. 15
Communication	p. 16
Grammaire	
Les pronoms personnels toniques	p. 17
La forme négative	p. 17
La forme interrogative	p. 18
Les adjectifs possessifs	p. 19
La formation du féminin	p. 19
Le présent de l'indicatif du verbe *avoir*	p. 20
Le présent de l'indicatif des verbes du 3e groupe	p. 20
Phonétique	p. 21
Fais le point !	p. 22
Civilisation	p. 24

Unité 3

Dialogue	p. 26
Lexique	p. 27
Communication	p. 28
Grammaire	
Ce/Il + être	p. 29
Qui est-ce ? C'est, ce sont...	p. 29
Qu'est-ce que c'est ? C'est, ce sont...	p. 29
La formation du féminin	p. 30
Pourquoi... ? Parce que... ?	p. 31
Être là – Il y a	p. 32
Les articles contractés	p. 33
Quelques verbes : *faire, pouvoir*	p. 33
Phonétique	p. 33
Fais le point !	p. 34

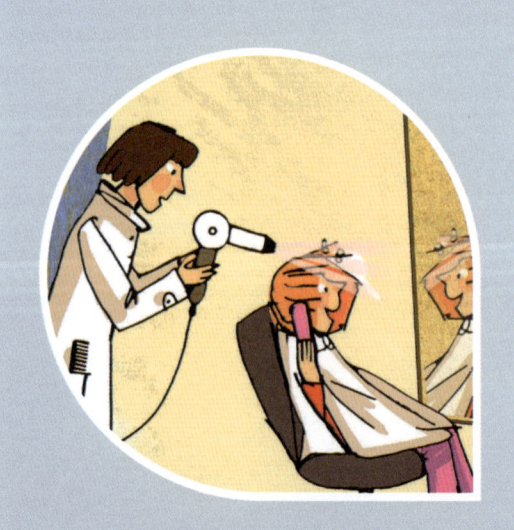

Sommaire

Unité 4

Dialogue	p. 36
Lexique	p. 37
Communication	p. 38
Grammaire	
L'expression de la possession	p. 39
Les pronoms après les prépositions	p. 39
Les adjectifs démonstratifs	p. 40
Tu ou *vous* ? Le registre formel et informel	p. 40
La forme négative avec *ne... plus*	p. 40
Le verbe *avoir* pour exprimer des sensations	p. 41
Le verbe *faire* dans les tournures impersonnelles	p. 42
L'impératif affirmatif	p. 42
Phonétique	p. 43
Fais le point !	p. 44
Civilisation	p. 46

Unité 5

Dialogue	p. 48
Lexique	p. 49
Communication	p. 50
Grammaire	
L'interrogation partielle	p. 51
Les prépositions de lieu	p. 51
Adverbes et expressions de temps	p. 53
Le présent de l'indicatif des verbes du 2e groupe	p. 54
Quelques verbes : *mettre*, *prendre*, *sortir*	p. 54
Particularités des verbes du 1er groupe	p. 54
Phonétique	p. 55
Fais le point !	p. 56

Unité 6

Dialogue	p. 58
Lexique	p. 59
Communication	p. 60
Grammaire	
Combien de/d'... ?	p. 61
Il y a	p. 62
Les prépositions de lieu	p. 63
Les prépositions devant les noms de pays ou de régions	p. 64
Quelques verbes : *connaître*, *savoir*, *voir*, *vouloir*	p. 65
Phonétique	p. 65
Fais le point !	p. 66
Civilisation	p. 68
Coin détente	p. 70

UNITÉ 1

Dialogue

1 Écoute l'enregistrement du dialogue *La rentrée* et réponds aux questions.

1 Qui se présente aux élèves ?
....

2 Comment s'appelle le professeur ?
....

3 Que demande le professeur aux élèves ?
....

4 Que répondent les élèves ?
....

2 Écoute l'enregistrement du dialogue *Dans la cour de récréation* et réponds aux questions.

1 Comment s'appellent les deux garçons ?
....

2 De qui parlent les deux garçons ?
....

3 Est-ce que c'est Quentin qui connaît Pauline ?
....

4 Comment est-ce que Quentin trouve Pauline ?
....

3 Écoute l'enregistrement et lis le dialogue. Réponds aux questions.

Maxime : Salut Camille !
Camille : Salut Maxime ! Ça va ?
Maxime : Oui, ça va. Et toi ?
Camille : Bien, merci. Qu'est-ce que c'est ?
Maxime : C'est un compas.
Camille : Et comment ça s'écrit ?
Maxime : Ça s'écrit C O M P A S.
Camille : Et lui, c'est qui ?
Maxime : C'est un ami de Nicolas.
Camille : Comment il s'appelle ?
Maxime : Il s'appelle Hugo.

1 Les deux personnages sont
   a un garçon et une fille   b deux garçons.

2 Comment s'appelle la fille ?
....

3 Comment s'appelle le garçon ?
....

4 De quel objet parlent les deux personnages ?
....

5 Les deux personnages parlent d'un garçon. Quel est le nom de ce garçon ?
....

6 Ce garçon a un ami qui s'appelle Nicolas ?
....

4 Écoute l'enregistrement et complète le dialogue avec les mots proposés.

[amie   blonde   génial
  jolie   verts]

Maxime : Salut Antoine, ça va ?
Antoine : Oui, ça va et toi ?
Maxime : Ça va, merci. C'est qui la ¹ .... ?
Antoine : C'est une ² .... de Léa.
Maxime : Comment elle s'appelle ?
Antoine : Camille.
Maxime : Elle est super ³ .... !
Antoine : C'est vrai.
Maxime : Elle a les yeux ⁴ .... !
Antoine : J'ai son numéro de téléphone.
Maxime : Super ! Quel est son numéro ?
Antoine : Alors, c'est le 06 20 12 16.
Maxime : C'est ⁵ .... ! Merci !

5 Lis le dialogue complété de l'exercice 4 et réponds aux questions.

1 Comment s'appelle l'amie de Léa ?
....

2 De quelle couleur sont ses cheveux ?
....

3 De quelle couleur sont ses yeux ?
....

4 Quel est son numéro de téléphone ?
....

Lexique

UNITÉ 1

1 Écris le nom de chaque objet.

1 C'est une ....

2 C'est une ....

3 Ce sont des ....

4 C'est une ....

5 C'est un ....

6 C'est une ....

7 C'est un ....

8 C'est un ....

2 Qu'est-ce qu'il te faut pour…

1 écrire : un ....
2 jeter un papier : une ....
3 tailler tes crayons : un ....
4 mettre tes crayons, ta gomme, tes stylos, etc. : une ....
5 écrire au tableau : une ....
6 écrire les devoirs à faire : un ....
7 tirer un trait : une ....
8 effacer un trait de crayon : une ....

3 Complète le crucimage et trouve le mot mystérieux.

O R D I N A T E U R

Le mot mystérieux est : ....

Communication

1 Complète les mini-dialogues avec les phrases proposées.

[Comment elle s'appelle ?
Moi, c'est Pauline.   Bonjour monsieur.
Salut Théo !]

1 A : ....
   B : Bonjour Lucie. Ça va ?

2 A : ....
   B : Elle s'appelle Pauline.

3 A : Moi, je m'appelle Léa.
   B : ....

4 A : ....
   B : Salut Maxime !

2 Choisis la question qui convient.

1 C'est le professeur de maths.
   a Qu'est-ce que c'est ?
   b Qui est-ce ?
   c Il est italien ?

2 C'est une imprimante.
   a Qu'est-ce que c'est ?
   b C'est qui ?
   c Comment elle s'appelle ?

3 Elle ? Elle s'appelle Julie.
   a Comment ça s'écrit ?
   b Elle s'appelle comment ?
   c Il s'appelle comment ?

4 Ça va, merci. Et toi ?
   a Ça va ?
   b Quel est ton numéro de téléphone ?
   c Qui êtes-vous ?

3 Associe chaque question à la réponse correspondante.

1 ☐ C'est qui ?
2 ☐ Qu'est-ce que c'est ?
3 ☐ Comment s'appelle ce garçon?
4 ☐ Quel est ton numéro de téléphone ?
5 ☐ Comment s'appelle le professeur de maths ?
6 ☐ Comment ça s'écrit ?
7 ☐ Quel âge a-t-il ?
8 ☐ Quel âge as-tu ?
9 ☐ Comment tu t'appelles ?
10 ☐ Comment s'écrit ton nom ?

a Il s'appelle Étienne.
b Mon numéro est le 01 13 21 14 18.
c Il s'appelle monsieur Leblanc.
d Il a treize ans.
e C'est Muriel.
f Ça s'écrit C A H I E R.
g J'ai quatorze ans.
h Ce sont des feutres.
i Ça s'écrit S O A Z I G. C'est breton.
j Je m'appelle Julie.

Grammaire

Les pronoms personnels sujets

1 Complète les phrases avec un pronom personnel sujet.

1. ………… parles chinois ?
2. ………… sont sportifs.
3. ………… sommes à Paris.
4. ………… t'appelles comment ?
5. ………… parlent trop fort !
6. ………… habites ici ?

Les articles définis et indéfinis

2 Écris les groupes nominaux au singulier.

1. Des tables ………………………………
2. Des chaises ………………………………
3. Des feutres ………………………………
4. Des professeurs ………………………………
5. Des gommes ………………………………
6. Des portes ………………………………
7. Des cahiers ………………………………
8. Des stylos ………………………………

3 Complète avec un article défini.

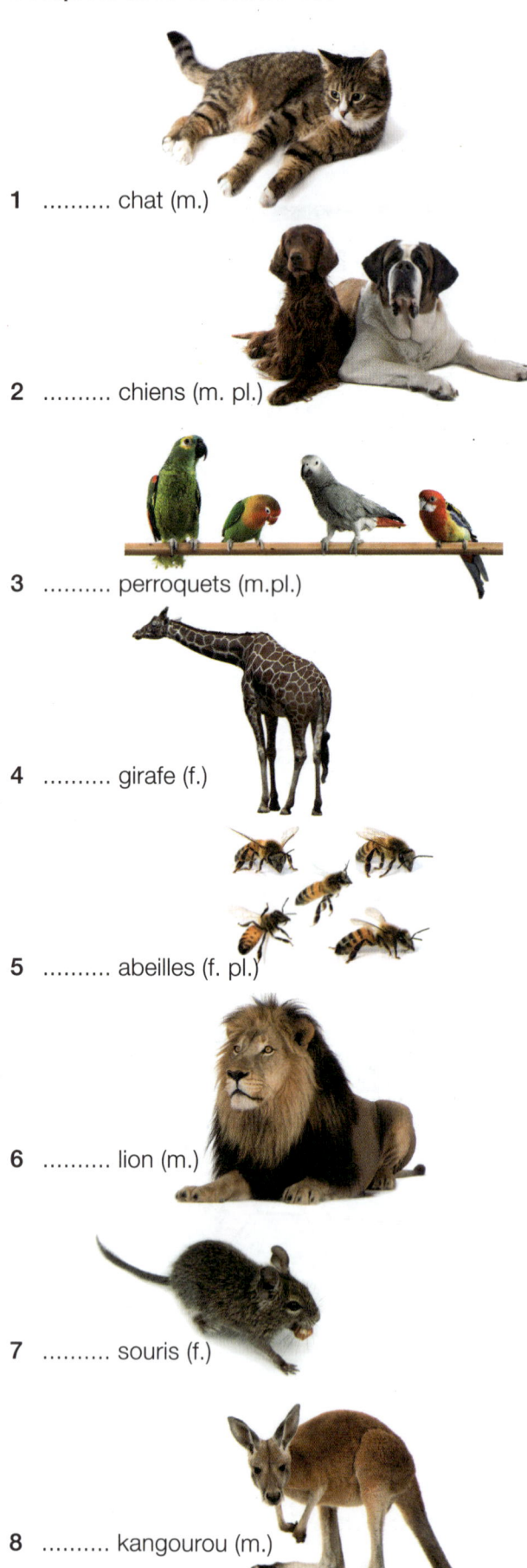

1 .... chat (m.)

2 .... chiens (m. pl.)

3 .... perroquets (m.pl.)

4 .... girafe (f.)

5 .... abeilles (f. pl.)

6 .... lion (m.)

7 .... souris (f.)

8 .... kangourou (m.)

4 Complète avec un article indéfini.

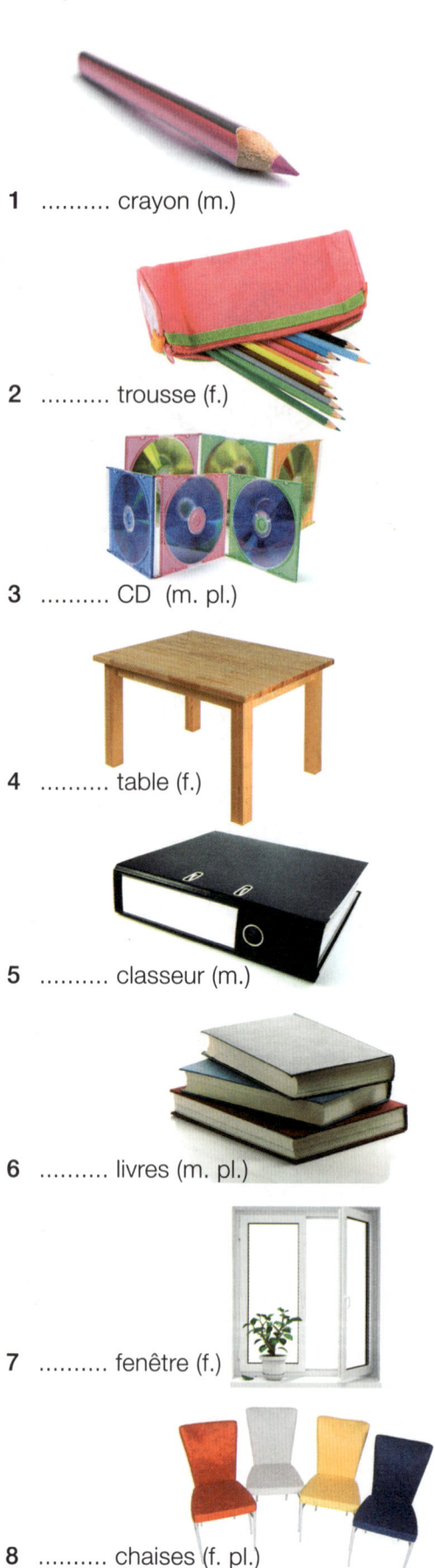

1 .... crayon (m.)

2 .... trousse (f.)

3 .... CD (m. pl.)

4 .... table (f.)

5 .... classeur (m.)

6 .... livres (m. pl.)

7 .... fenêtre (f.)

8 .... chaises (f. pl.)

UNITÉ 1 **Grammaire**

5 Complète la liste des objets que Théo doit acheter pour l'école avec un article indéfini. Ensuite, regarde le contenu du chariot et écris les objets que Théo a oublié d'acheter.

1 ...... classeur
2 ...... trousse
3 ...... cahier
4 ...... crayon à papier
5 ...... gomme
6 ...... cahier de textes
7 ...... règle
8 ...... taille-crayon
9 ...... stylo
10 ...... cartable
11 ...... calculatrice
12 ...... feutres

Théo a oublié la trousse, ...
....
....
....

La formation du féminin et du pluriel

6 Complète le tableau.

Masculin singulier	Féminin singulier	Masculin pluriel	Féminin pluriel
	amie		
anglais			
	brune		
			contentes
		grands	
petit			
		polis	
vert			

Le présent de l'indicatif du verbe *être*

7 Complète les phrases avec le verbe *être* au présent de l'indicatif.

1. Elle .... à la mer.
2. Tu .... triste ?
3. Nous .... à Rome.
4. Ils .... bruns.
5. Je .... content.
6. Elle .... belle.
7. Ils .... anglais.
8. Tu .... français ?
9. Lucie et Cécile .... amies.
10. Vous .... sages.
11. Il .... mignon.
12. Je .... grand.

Le présent de l'indicatif des verbes du 1er groupe

8 Choisis la bonne réponse.

1. J' [a] habitons [b] habite [c] mangez.
2. Tu [a] t'appelle [b] habites [c] écoutons.
3. Il [a] parle [b] parlent [c] parles.
4. Nous [a] chante [b] regardons [c] aimes.
5. Vous [a] étudient [b] habitez [c] habites.
6. Ils [a] adorez [b] adores [c] parlent.
7. Elle [a] aime [b] aimons [c] aiment.
8. Vous [a] détestent [b] détestons [c] détestez.
9. Elles [a] regardent [b] écoute [c] habites.
10. Tu [a] danses [b] parlent [c] adorons.

9 Complète les verbes avec la terminaison qui convient.

1. Il parl..... avec ses amis.
2. Nous appel..... la police.
3. Vous salu..... le professeur.
4. Je parl..... avec Sophie.
5. Tu appell..... Julie ?
6. Ils parl..... de l'exercice.
7. Elle regard..... un film.
8. Tu écout..... une belle chanson.
9. Ils habit..... avec Sonia.
10. J'aim..... les croissants.
11. Nous détest..... les maths.
12. J'ador..... la biologie.

10 Complète les phrases avec les formes verbales proposées.

[déteste   écoutent   habitent   mange
ramasse   regardent   surfe   visitent]

1. Il .... sur Internet.
2. Elles .... à Londres. 
3. Ils .... la télévision. 
4. Il .... les épinards.

UNITÉ 1
Grammaire & Phonétique

Phonétique

Pour compter

1 Écoute l'enregistrement et indique les nombres que tu entends.

1 [a] 3   [b] 13   5 [a] 12   [b] 2
2 [a] 1   [b] 11   6 [a] 10   [b] 6
3 [a] 1   [b] 12   7 [a] 17   [b] 7
4 [a] 12   [b] 20   8 [a] 13   [b] 16

L'alphabet

2 Écoute l'enregistrement et indique les mots que tu entends.

1 [a] barbe   [b] carpe
2 [a] seule   [b] saule
3 [a] carte   [b] porte
4 [a] mien   [b] bien
5 [a] fou   [b] foi
6 [a] trois   [b] froid
7 [a] gomme   [b] gamme
8 [a] par   [b] car

3 Écoute l'enregistrement et indique les noms que tu entends.

1 [a] Marc Latour   3 [a] Marie Robert
   [b] Marcel Latour   [b] Marion Robert
   [c] Marcelle Latour   [c] Marianne Robert
2 [a] Étienne Sorel   4 [a] Chris Stevens
   [b] Étienne Saurel   [b] Chris Steven
   [c] Étienne Serel   [c] Chris Stevenson

4 Écoute l'enregistrement et complète la fiche.

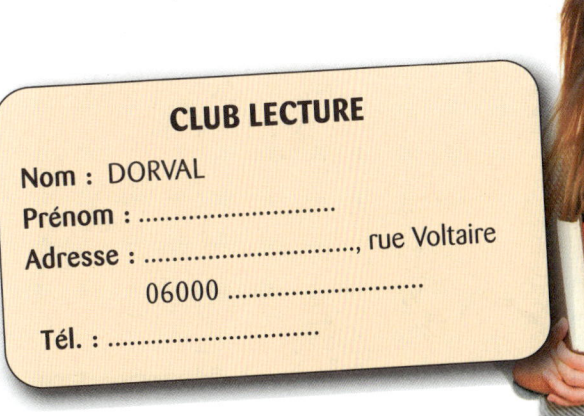

CLUB LECTURE
Nom : DORVAL
Prénom : ....
Adresse : ...., rue Voltaire
         06000 ....
Tél. : ....

5 Elle .... une pomme rouge.

6 Ils .... une belle ville.

7 Elles .... une émission de radio.

8 Elle .... des tomates.

Fais le point !

1 Choisis la bonne réponse.

1 Comment il s'appelle ?
  a Il s'appelle Yohan.
  b Je m'appelle Yohan.
  c Elle s'appelle Aurélie.

2 Tu peux épeler ton nom, s'il te plaît ?
  a Ça s'écrit comment ?
  b Qui est-ce ?
  c G I R A U D.

3 Qu'est-ce que c'est ?
  a Ce sont des feutres.
  b C'est un ami de Maxime.
  c Julie.

4 C'est qui ?
  a C'est un chien.
  b C'est Julie.
  c C'est une calculatrice. Elle est neuve.

2 Écoute l'enregistrement. Associe chaque mini-dialogue à l'image correspondante.

UNITÉ 1 — Fais le point !

3 Choisis la question qui convient.

1 Je m'appelle Vincent.
- a Ça va ?
- b Tu peux épeler ton prénom ?
- c Comment tu t'appelles ?

2 Ça s'écrit S H I R L E Y.
- a Comment s'écrit ton prénom ?
- b Comment tu t'appelles ?
- c Qu'est-ce que c'est ?

3 D E L C O U R T.
- a Tu peux épeler ton nom ?
- b Tu aimes les maths ?
- c Qu'est-ce que c'est ?

4 Ça va, et toi ?
- a Salut Camille. Ça va ?
- b Bonjour, les enfants !
- c Tu as un cours de maths ?

5 C'est un taille-crayon.
- a C'est qui ?
- b Qu'est-ce que c'est ?
- c Tu peux épeler ton nom ?

6 06 12 13 18 11.
- a Tu aimes le français ?
- b Quel est ton numéro de téléphone ?
- c C'est une amie de Julie ?

7 C'est mon ami.
- a C'est qui ?
- b C'est quoi ?
- c Ça va ?

8 Elle ? Elle s'appelle Manon.
- a Comment tu t'appelles ?
- b Comment il s'appelle ?
- c Comment elle s'appelle ?

4 Qu'est-ce que tu dis dans les situations suivantes ? Écris les phrases proposées au bon endroit.

[
Moi, c'est…, et lui, c'est…
Tchao !
Comment tu t'appelles ?
C'est qui Sophie ?
Au revoir monsieur !
Salut, ça va ?
]

1 ☐ Tu dis bonjour à un ami et tu lui demandes comment il va.
………………………………………………

2 ☐ Tu te présentes et tu présentes quelqu'un.
………………………………………………

3 ☐ Tu prends congé d'un professeur.
………………………………………………

4 ☐ Tu prends congé d'un ami.
………………………………………………

5 ☐ Tu identifies quelqu'un.
………………………………………………

6 ☐ Tu demandes à quelqu'un son nom ou son prénom.
………………………………………………

5 Lis les phrases proposées. Associe chacune d'entre elles aux situations de l'exercice précédent.

[
a Je m'appelle…, et toi ?
b Bonsoir ! À demain !
c Et moi, c'est… .
d Salut ! À demain !
e C'est une amie de Damien.
f Ça va bien, merci.
]

UNiTÉ 2

Dialogue

1 Écoute l'enregistrement du dialogue *Devant le collège* et complète les phrases.

1. Quentin a .... heures de maths.
2. Quentin a une .... d'anglais.
3. Quentin a .... heures de sport.
4. Quentin a deux .... de technologie.
5. Manon a .... heures de cours.
6. Manon a un contrôle d' ....

2 Écoute l'enregistrement du dialogue *Au réfectoire* et choisis la bonne réponse.

1. Lukas est en classe avec [a] Abou [b] Léa.
2. Lukas a [a] 16 ans [b] 13 ans.
3. Lukas est [a] autrichien [b] allemand.
4. Lukas parle [a] bien [b] mal français.
5. La mère de Lukas est [a] autrichienne [b] française.
6. Le père de Lukas travaille en France pendant [a] deux ans [b] un an.

3 Écoute l'enregistrement et lis le dialogue. Choisis la bonne réponse.

Thomas : Alors, Maxence, ça va ?

Maxence : Oui, je n'ai pas cours de maths aujourd'hui ! Le professeur est absent.

Thomas : Quelle chance ! Moi, j'ai un contrôle d'anglais.

Maxence : Au fait, tu connais Pablo ?

Thomas : Non… Salut, Pablo ! Tu es nouveau ?

Pablo : Oui, je passe une année dans une école française.

Thomas : Tu es espagnol ?

Pablo : Oui, je viens de Madrid.

Thomas : Tu parles bien français !

Pablo : Mon père est français. Mes grands-parents habitent ici.

1. [a] Maxence [b] Thomas a un contrôle d'anglais.
2. Maxence est [a] triste [b] content, parce que le professeur de maths est absent.
3. Maxence présente [a] un ami [b] une amie à Thomas.
4. Pablo est en France pour [a] étudier [b] rendre visite à ses grands-parents.
5. [a] Le père [b] La mère de Pablo est français(e).
6. Pablo vient de [a] Madrid [b] Séville.

4 Écoute l'enregistrement et complète le dialogue avec les mots proposés.

[anglais   aujourd'hui   maths   matière]

Coraline : Salut Julien !
Julien : Salut Coraline !
Coraline : Qu'est-ce que tu as .... ?
Julien : J'ai six heures de cours et un contrôle !
Coraline : D'anglais ?
Julien : Non, de .... Je déteste ça !
Coraline : Mon pauvre !
Julien : Et toi ? Tu as des contrôles aujourd'hui ?
Coraline : Oui, j'ai un contrôle d'.............. .
Julien : Tu es contente alors !
Coraline : Oui, c'est ma .... préférée.
Julien : Ça sonne, tchao !
Coraline : Tchao !

5 Lis le dialogue complété de l'exercice 4 et réponds aux questions.

1. Combien d'heures de cours a Julien ?
   ....
2. Quelle matière déteste-t-il ?
   ....
3. Est-ce que Coraline a un contrôle ?
   ....
4. Quelle est la matière préférée de Coraline ?
   ....

Lexique

UNITÉ 2

1 Observe la carte et associe chaque pays à son nom.

1. ☐ L'Albanie
2. ☐ L'Allemagne
3. ☐ L'Autriche
4. ☐ La Belgique
5. ☐ La Bulgarie
6. ☐ Le Danemark
7. ☐ L'Espagne
8. ☐ La Finlande
9. ☐ La France
10. ☐ La Grande-Bretagne
11. ☐ La Grèce
12. ☐ La Hongrie
13. ☐ L'Irlande
14. ☐ L'Italie
15. ☐ Le Luxembourg
16. ☐ La Norvège
17. ☐ Les Pays-Bas
18. ☐ La Pologne
19. ☐ Le Portugal
20. ☐ La République tchèque
21. ☐ La Roumanie
22. ☐ La Russie
23. ☐ La Slovaquie
24. ☐ La Suède
25. ☐ La Suisse

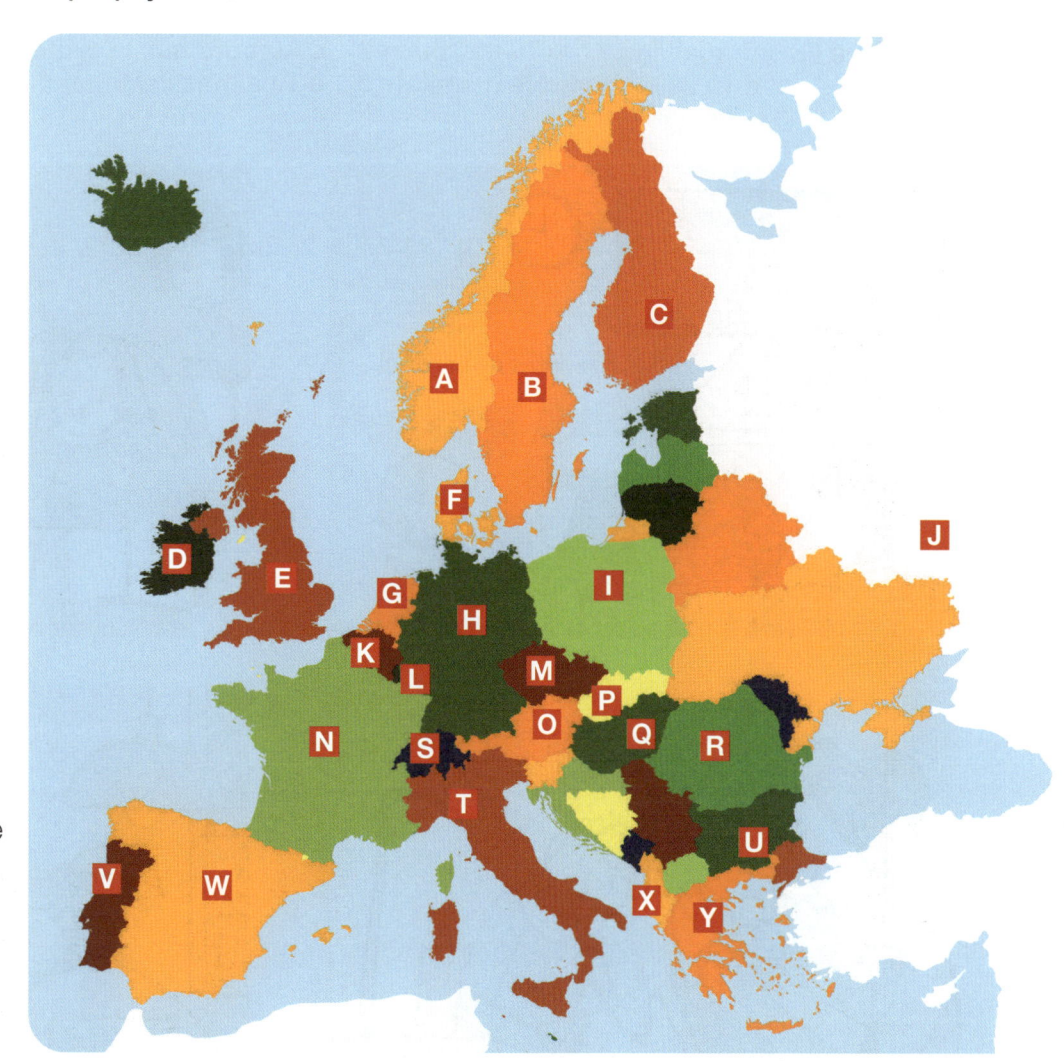

2 Observe la carte, pages 20 et 21 du livre, et fais la liste des pays où l'on parle français.

3 Observe les livres que Léa et Maxence ont dans leur cartable. Dis quelles matières ils ont aujourd'hui.

Communication

1 Associe chaque phrase au dessin correspondant.

a Ils ont quel âge ?   b Tu es italien ?   c Aujourd'hui, le professeur de sport est absent.
d Tu as un contrôle d'anglais ?   e Tu aimes l'allemand ?   f D'où tu viens ?

Grammaire

Les pronoms personnels toniques

1 Complète les mini-dialogues avec un pronom personnel tonique.

1 – ...., je m'appelle Céline et ...., comment tu t'appelles ?
  – ...., je m'appelle Léo.
2 – ...., il a treize ans.
  – Et ...., elle a quel âge ?
  – ...., elle a douze ans.
3 – ...., nous sommes espagnols.
  – Et vous ?
  – ...., nous sommes allemands.
4 – Tu t'appelles comment, ... ?
  – ...., c'est Coralie.
5 – ...., vous vous appelez Monique Lebrun ?
  – Non, ..., c'est Myriam Dumarin. Monique, c'est ma sœur.
6 – Tu es d'accord avec ...., ... ?
  – Oui, ..., je suis d'accord avec lui.

La forme négative

2 Réponds aux questions affirmativement (+) ou négativement (−), comme dans l'exemple.

Ex. Sa tante est allemande ?
(+) Oui, sa tante est allemande.
(−) Non, sa tante n'est pas allemande.

1 Leur cousin est canadien ?
(−) ....
2 Ta sœur a 13 ans ?
(+) ....
3 Ton devoir est juste ?
(+) ....
4 Tes copains sont sportifs ?
(+) ....
5 Son ami est sympa ?
(−) ....
6 Vos copains sont français ?
(−) ....

3 Récris les phrases à la forme négative.

1 Julie parle japonais.
....
2 Léa accompagne sa copine.
....
3 Nous téléphonons à David.
....
4 Vous regardez le paysage.
....
5 Je pars en vacances au Portugal.
....
6 Son frère s'appelle Mathieu.
....
7 Je joue au volley.
....
8 Mes cousins sont canadiens.
....

4 Écoute l'enregistrement et dis si ce que disent les personnages est vrai (V) ou faux (F).

1 V F

2 V F

La forme interrogative

5 Complète le tableau.

	Intonation	*Est-ce que*	Inversion
1	Tu connais Sophie ?		
2	Tu parles polonais ?		
3		Quand est-ce que tu vas au cinéma ?	
4		Est-ce que vous connaissez la Suisse ?	
5			Sont-ils portugais ?
6			As-tu douze ans ?

6 Tu interviewes Paulina, une jeune fille polonaise. Pose les questions en employant l'intonation, *est-ce que*, et l'inversion du sujet.

1 ....
   Je m'appelle Paulina.
2 ....
   J'ai treize ans.
3 ....
   Oui, je suis polonaise.
4 ....
   Je viens de Cracovie.
5 ....
   Oui, j'aime beaucoup la danse !
6 ....
   Oui, j'adore la géographie !

UNITÉ 2 — Grammaire

Les adjectifs possessifs

7 Choisis l'adjectif possessif qui convient.

1. C'est [a] mon [b] ma matière préférée.
2. Est-ce que [a] sa [b] son mère est belge ?
3. [a] Sa [b] Son amie est espagnole.
4. Le rugby est [a] son [b] ses sport préféré.
5. Où sont [a] tes [b] leur parents ?
6. [a] Notre [b] Nos professeur de maths est sympa.

8 Complète les phrases avec un adjectif possessif.

1. – Il aime le tennis ?
   – Oui, c'est ………… sport préféré.
2. – Tes professeurs sont sympas ?
   – Oui, je suis très content de ………… professeurs.
3. – C'est la cousine de Paul ?
   – Oui, c'est ………… cousine.
4. – Pourquoi tu parles bien espagnol ?
   – Parce que ………… mère est espagnole.
5. – Ils sont allemands ?
   – Oui, ………… ville d'origine, c'est Munich.
6. – Tu as une voiture japonaise ?
   – Oui, ………… voiture est japonaise.
7. – Pourquoi tu ne prends pas ton vélo ?
   – Parce que ………… vélo est cassé.
8. – Tu aimes la pizza ?
   – Oui, c'est ………… plat préféré.

9 Transforme les phrases comme dans l'exemple.

Ex. J'ai un ami autrichien.
Mon ami est autrichien.

1. J'ai un feutre vert.
   ……………………………………………………
2. Vous avez un exercice facile.
   ……………………………………………………
3. Nous avons un contrôle difficile.
   ……………………………………………………
4. Elles ont des professeurs sévères.
   ……………………………………………………
5. Tu as un chien méchant.
   ……………………………………………………
6. Elle a une maison spacieuse.
   ……………………………………………………

La formation du féminin

10 Choisis l'adjectif de nationalité qui convient.

1. Nadia (f.) est
   [a] tunisien.
   [b] tunisienne.
   [c] tunisiene.

2. Florin (m.) est
   [a] roumain.
   [b] roumainee.
   [c] roumaine.

3. Fiona (f.) est
   [a] canadienne.
   [b] canadien.
   [c] canadiene.

4. Saïd (m.) est
   [a] algérien.
   [b] algérienne.
   [c] algériene.

5. Karina (f.) est
   [a] ukrainien.
   [b] ukrainienne.
   [c] ukrainiene.

6. Felipe (m.) est
   [a] espagnol.
   [b] espagnole.
   [c] espagnolee.

2

11 Transforme les adjectifs de nationalité au féminin.

1. hollandais ....
2. vietnamien ....
3. norvégien ....
4. suédois ....
5. turc ....
6. italien ....
7. canadien ....
8. croate ....
9. américain ....
10. albanais ....
11. thaïlandais ....
12. brésilien ....

12 Transforme les adjectifs de nationalité au masculin.

1. portugaise ....
2. finlandaise ....
3. française ....
4. tunisienne ....
5. russe ....
6. australienne ....
7. luxembourgeoise ....
8. danoise ....
9. colombienne ....
10. grecque ....
11. irlandaise ....
12. espagnole ....

Le présent de l'indicatif du verbe *avoir*

13 Choisis la bonne réponse.

1. Nous [a] avons [b] ont un professeur d'anglais très sympa.
2. Il [a] a [b] as treize ans.
3. J' [a] as [b] ai un chat noir et blanc.
4. Ils [a] avez [b] ont cinq heures de cours aujourd'hui.
5. Quel âge [a] as- [b] avez- vous ?
6. Tu [a] a [b] as un contrôle aujourd'hui ?
7. Vous [a] a [b] avez un stylo rouge ?
8. Elles [a] as [b] ont une belle maison.
9. Tu [a] as [b] a un chat ?
10. Nous [a] avons [b] avez une heure de maths.

14 Complète les phrases avec le pronom personnel sujet qui convient. Parfois, plusieurs solutions sont possibles.

1. .... avez soif ?
2. .... ont une belle voiture.
3. .... a un devoir d'anglais ?
4. Nos voisins ? .... ont une grande maison.
5. .... as un vélo ou un scooter ?
6. .... avons sommeil.
7. .... as ton parapluie ?
8. .... avez tort.

15 Complète les phrases avec le verbe *avoir* à la forme qui convient.

1. Ils .... une voiture neuve.
2. Elle .... un vélo rose.
3. Vous .... un stylo, s'il vous plaît ?
4. Tu .... un chien ?
5. Nous .... son adresse.
6. J' .... un chat noir.

Le présent de l'indicatif des verbes du 3e groupe

16 Complète le tableau.

[viens   allons   allez   venez
  vais   vient   vont   va   viens
  venons   viennent   vas]

Aller	Venir
Je	Je
Tu	Tu
Il/Elle	Il/Elle
Nous	Nous
Vous	Vous
Ils/Elles	Ils/Elles

17 Complète les phrases en conjuguant les verbes entre parenthèses.

1. Il (venir) .... de Londres.
2. Nous (aller) .... à Madrid.
3. Je (aller) .... à la piscine.
4. Tu (venir) .... au cinéma ?
5. Ils (aller) .... en Grèce.
6. D'où (venir) ....-il ?

UNITÉ 2 — Grammaire & Phonétique

Phonétique

Pour compter

1 Écoute l'enregistrement et indique les nombres que tu entends.

	a		b		c
1	18		28		48
2	12		13		15
3	42		32		33
4	25		35		5
5	55		51		15
6	14		44		24
7	3		13		23
8	17		27		47

2 Écoute l'enregistrement et écris l'âge de chaque personnage.

1 Camille a .... ans.
2 Alexandre a .... ans. 
3 Madame Torence a .... ans. 
4 Sylvain a .... ans. 
5 Christophe a .... ans. 
6 Madame Broustaud a .... ans. 

3 Écoute l'enregistrement et écris les numéros de téléphone que tu entends.

1 Thomas   ....
2 Dominique   ....
3 Christelle   ....
4 Stéphane   ....
5 Myriam   ....
6 Patrick   ....

L'accent tonique

4 Écoute l'enregistrement et répète les mots que tu entends. Attention à l'accent tonique !

1 radio   6 lundi
2 vélo   7 cinéma
3 menu   8 poli
4 bravo   9 papa
5 salut   10 Mario

5 Écoute l'enregistrement et répète les mots que tu entends. Attention à l'accent tonique !

1 marque   6 livre
2 télé   7 Yves
3 porte   8 portait
4 souris   9 tenté
5 métro   10 photo

L'accent orthographique

6 Écoute l'enregistrement et mets un accent grave ou aigu sur les mots.

1 volonte   6 dore
2 verite   7 charite
3 fievre   8 editeur
4 mystere   9 cafe
5 carre   10 progres

7 Écoute l'enregistrement et mets un accent grave ou aigu sur les mots, si nécessaire.

1 Celine   6 levre
2 pere   7 janvier
3 meré   8 geographie
4 designe   9 frere
5 maniere   10 rose

2 Fais le point !

1 Associe chaque réponse au dessin correspondant.

a Oui... un contrôle de français.
b C'est Brad, un ami américain de Théo.
c Pas tellement.
d Salut Julie. Moi, c'est Céline.
e Oui, un peu.
f De Zurich. Je suis suisse.

2 Écoute l'enregistrement et choisis la bonne réponse.

1 Pablo est   a espagnol.   b espagnole.
2 Jennifer est   a irlandais.   b irlandaise.
3 Horst est   a autrichien.   b autrichienne.
4 Alina est   a roumain.   b roumaine.
5 Hassan est   a égyptien.   b égyptienne.
6 Anita est   a péruvien.   b péruvienne.
7 Tatiana est   a lituanien.   b lituanienne.
8 Robert est   a hollandais.   b hollandaise.

UNITÉ 2 — Fais le point !

3 Conjugue les verbes entre parenthèses au présent de l'indicatif.

1 Elle (*venir*) .... avec nous.

2 Ils (*avoir*) .... faim.

3 Elles (*aller*) .... au cinéma.

4 Nous (*avoir*) .... un berger allemand.

5 Il (*aller*) .... au stade avec ses enfants.

6 Elle (*avoir*) .... une souris.

4 Qu'est-ce que tu dis dans les situations suivantes ? Écris les phrases proposées au bon endroit.

[
D'où tu viens ?
Elle, c'est Monica. Elle est italienne.
Tu es japonais ?
Vous aimez le volley ?
Tu as un contrôle de maths ?
Tu connais l'ami de Julie ?
]

1 Tu demandes à un(e) ami(e) s'il connaît une personne.
....

2 Tu demandes à quelqu'un d'où il vient.
....

3 Tu demandes à quelqu'un confirmation de sa nationalité.
....

4 Tu présentes une amie et tu donnes sa nationalité.
....

5 Tu demandes confirmation d'un contrôle.
....

6 Tu demandes à quelqu'un ses préférences pour un sport.
....

5 Lis les phrases proposées. Associe chacune d'entre elles aux situations de l'exercice précédent.

a ☐ Je viens de Paris.
b ☐ Oui, il s'appelle Miguel. Il est espagnol.
c ☐ Salut, Monica ! Moi, c'est Maxime.
d ☐ Oui, beaucoup ! Nous jouons dans un club !
e ☐ Non, je ne suis pas japonais, je suis coréen.
f ☐ Oui, demain.

6 Complète le mail de Manon avec les mots proposés.

[comment   contrôle   moi   n'est-ce pas
  parle   qu'est-ce que   salut   toi]

1 .... Sonia !
2 .... vas-tu ? 3 ...., je prépare mon 4 .... de maths. Et 5 .... ? 6 .... tu fais ? Tu connais le cousin de Chloé ? Il est mignon, 7 .... ? Il est canadien, mais il 8 .... français. Je l'invite samedi à ma fête, ok ? À plus tard.
Manon

1-2 Civilisation

1 Choisis la bonne réponse.

1 Un pays où l'on parle français est un pays
   - a slave.
   - b francophone.
2 On parle français
   - a seulement en France.
   - b dans le monde entier.
3 On parle français
   - a en Suisse.
   - b au Mexique.
4 Les langues d'origine latine sont
   - a quatre.
   - b cinq.
5 La Corse est très connue pour ses
   - a plages.
   - b arènes.
6 Le Mont-Saint-Michel se trouve en
   - a Normandie.
   - b Bretagne.
7 L'hymne national de la France s'appelle la
   - a *Marseillaise*.
   - b *Bordelaise*.
8 Nice est célèbre pour
   - a sa Promenade des Anglais.
   - b son Festival du cinéma.

2 Écris sous chaque image la légende correspondante, comme dans l'exemple.

Ex. Le drapeau français

1 ....

2 ....

3 ....

4 ....

UNITÉS 1-2 | Civilisation

5 ....

6 ....

7 ....

8 ....

9 ....

3 Pour en savoir plus, cherche sur Internet des informations sur les symboles de la France. Compare tes résultats avec ceux de tes camarades de classe. Ensuite, réalise un tableau qui présente toutes ces informations.

4 Écris à côté de chaque drapeau le nom du pays correspondant. Si tu veux, tu peux t'aider d'Internet ou d'une encyclopédie.

1 ....

2 ....

3 ....

4 ....

25

UNITÉ 3

Dialogue

1 Écoute l'enregistrement du dialogue *Un coup de fil*. Dis si les affirmations sont vraies (V) ou fausses (F).

V F
☐ ☐ 1 Manon téléphone à sa copine.
☐ ☐ 2 Le père de Pauline répond au téléphone.
☐ ☐ 3 Manon propose à Pauline de faire leurs devoirs ensemble.
☐ ☐ 4 Quentin a les cheveux marron.
☐ ☐ 5 Le rendez-vous est dimanche à quatre heures.
☐ ☐ 6 Mathis ne joue pas au bowling.

2 Complète les dialogues avec les phrases proposées.

[Oui, avec plaisir. À quelle heure ?
Qui vient ?   Oui, pourquoi ?]

1
Émilie : Tu es libre dimanche ?
Sarah : 1 ....
Émilie : Parce que Marion organise une fête. Tu peux venir ?
Sarah : 2 ....
Émilie : À cinq heures.
Sarah : 3 ....
Émilie : Toutes mes copines… Nous sommes dix !

[Oui, ça va. Tu fais quoi samedi ?
Oui, je l'appelle… Mathis ! C'est pour toi, c'est Nicolas.   Bonjour Nicolas !]

2
Nicolas : Bonjour madame, c'est Nicolas.
La mère : 1 ....
Nicolas : Mathis est là, s'il vous plaît ?
La mère : 2 ....
Mathis : Salut Nico. Ça va ?
Nicolas : 3 ....

[Il est brun, il est super beau.
Tous mes copains de classe : nous sommes dix-huit.
Tu peux venir à ma fête ?]

3
Lola : 1 ....
Lucie : Oui, qui vient à ta fête ?
Lola : 2 ....
Lucie : C'est beaucoup ! Comment il est Lucas ?
Lola : 3 ....

3 Écoute l'enregistrement et complète le dialogue avec les mots proposés.

[samedi (x2)   téléphone
vient   viens   cool]

Le père : Allô ?
Abou : Bonjour, monsieur. Kevin est là, s'il vous plaît ?
Le père : Oui, attends. Kevin, c'est Abou au .... !
Kevin : Salut Abou ! Ça va ?
Abou : Oui, merci et toi ?
Kevin : Ça va.
Abou : Tu viens à la salle de jeux .... après-midi ?
Kevin : Qui .... ?
Abou : Quentin, Maxence, Lucas, Alice, Caroline et Vanessa.
Kevin : C'est .... !
Abou : Tu .... alors ?
Kevin : Oui, bien sûr ! À quelle heure ?
Abou : À trois heures et demie.
Kevin : Ok, à ....

4 Complète les mini-dialogues avec les phrases proposées.

[Tu joues au bowling ?
Manon est là, s'il vous plaît ?
Tu es libre samedi ?   C'est qui Mathis ?
Pourquoi tu ne viens pas ?
À quelle heure est le film ?]

1 A : ....
B : C'est un ami de Quentin.
2 A : ....
B : Oui, je suis libre.
3 A : ....
B : Parce que je suis enrhumé.
4 A : ....
B : Oui, je te la passe. Manon ! C'est Léa au téléphone !
5 A : ....
B : À quatre heures.
6 A : ....
B : Oui, je joue le samedi après-midi.

UNITÉ 3

Lexique

1 Lis la date indiquée sur chaque image. Écris en toutes lettres le mois correspondant.

08/01

1 ....

20/04

2 ....

12/07

3 ....

18/10

4 ....

2 Choisis la phrase correspondant à la description de chaque personnage.

1 a Elle a les yeux verts et les cheveux noirs, courts et frisés.
   b Elle a les cheveux bruns et raides, et les yeux marron.
   c Elle a les cheveux blonds, longs et raides, et les yeux bleus.

2 a Il a les cheveux blonds et bouclés, et les yeux bleus.
   b Il a les cheveux roux et raides, les yeux marron et il porte un appareil dentaire.
   c Il a les yeux bleus et les cheveux châtains courts et raides. Il porte des lunettes.

27

3 Communication

1 Associe chaque phrase au dessin correspondant.

a À trois heures. Tu viens alors ?   b Il y a Maxime, Julie et Abou.
c Parce que je vais au cinéma avec Lucas et les autres.   d Oui, et toi ?
e Ça va, merci. Tu es libre dimanche ?
f Allô ? Bonjour monsieur Serraut. C'est Marion. Camille est là, s'il vous plaît ?

1. Oui… Camille ! C'est Marion au téléphone !
2. Salut Camille. Ça va ?
3. Pourquoi ?
4. Lucas… Et qui d'autre ?
5. C'est super ! À quelle heure ?
6. Oui, bien sûr ! À dimanche !

Grammaire

Ce/Il + être

1 Complète les phrases avec *il est*, *c'est* ou *ce sont*.

1 .... génial le professeur de français !
2 .... un compas.
3 .... des feutres.
4 .... quatre heures.
5 .... une amie de Julie.
6 .... tard.

Qui est-ce ? C'est, ce sont…

2 Qui est-ce ? Réponds à la question en employant *c'est* ou *ce sont*. Mets le mot au pluriel ou au féminin, si nécessaire. Attention aux intrus !

[alpiniste   pianiste   infirmier   policier
  pompier   chanteur   sculpteur   secrétaire]

1 ....
2 .... 
3 .... 
4 .... 
5 .... 
6 .... 

Qu'est-ce que c'est ? C'est, ce sont…

3 Trouve les questions correspondant aux réponses.

1 .... ?
C'est un sac à dos.
2 .... ?
Ce sont les feutres de Damien.
3 .... ?
C'est la sœur de Simon.
4 .... ?
Ce sont les livres de Pauline.
5 .... ?
C'est un appareil photo numérique.
6 .... ?
Ce sont des amis de Julien.

3

4 Qu'est-ce que c'est ? Réponds à la question en employant *c'est* ou *ce sont*.

1 .... des papillons.

2 .... une enveloppe.

3 .... un vélo.

4 .... un avion.

5 .... une voiture.

6 .... un agenda.

7 .... des chevaux.

8 .... des bananes.

La formation du féminin

5 Mets les adjectifs au féminin.

1 Un produit abrasif.
   Une gomme ....
2 Un parking abusif.
   Une occupation ....
3 Un garçon sportif.
   Une fille ....
4 Un pantalon serré.
   Une jupe ....

5 Un homme ambitieux.
   Une femme ....
6 Un épisode affreux.
   Une situation ....
7 Un élève intelligent.
   Une élève ....
8 Un service parfait.
   Une prononciation ....

UNITÉ 3 — Grammaire

6 Mets les noms et les adjectifs au féminin et/ou au pluriel, si nécessaire. Ensuite, écris le nom du personnage correspondant à chaque description.

FATIMA   KURT   LI-MEI   YOUSSOUF

1. Il est brun...... et a les cheveu...... court...... et frisé..... . Il est très grand...... et très maigre...... . C'est ....
2. Elle est petit......, elle a les cheveu...... noir......, court...... et raide..... . Elle s'appelle ....
3. Il est grand......, blond...... et a les cheveu...... court...... . Il s'appelle ....
4. Elle est brun...... et a les cheveu...... long...... et ondulé...... . C'est ....

Pourquoi... ? Parce que... ?

7 Complète les mini-dialogues avec *pourquoi* ou *parce que*.

1. A : .... tu ne viens pas à ma fête ?
   B : .... je ne peux pas. Demain, j'ai un contrôle d'anglais.
2. A : .... tu vas chez ta tante ?
   B : .... aujourd'hui, c'est son anniversaire.
3. A : .... il ne va pas au cinéma ?
   B : .... il est enrhumé.
4. A : .... tu restes à la maison ?
   B : .... mes grands-parents sont là.

3

Être là – Il y a

8 Complète les phrases avec *il y a*, *est là* ou *sont là*.

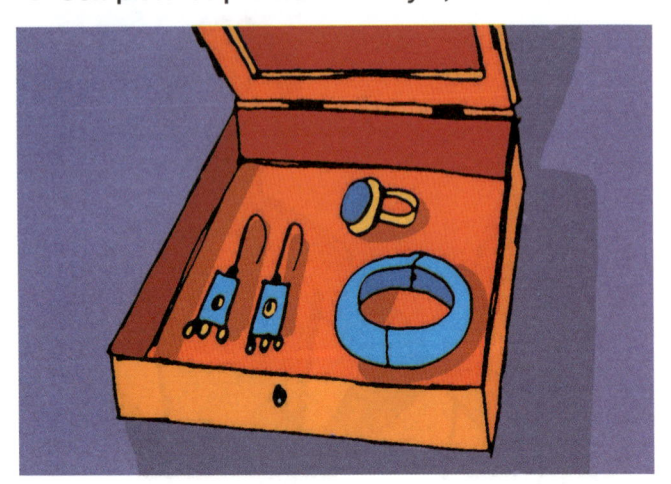

1 Dans cette boîte, ... un bracelet, des boucles d'oreilles et une bague.

2 .... des animaux sauvages dans la forêt amazonienne.

3 Le bureau est vide, les employés ne .... pas .... aujourd'hui.

4 Le professeur de maths n'........................ pas .... aujourd'hui.

5 .... une mouche dans la soupe !

6 .... deux fenêtres dans ma chambre.

UNITÉ 3 — Grammaire & Phonétique

Les articles contractés

9 Choisis l'article contracté qui convient.

1. Elle va [a] au [b] aux supermarché.
2. C'est le bureau [a] des [b] du proviseur.
3. Je dois passer [a] au [b] aux secrétariat.
4. C'est le directeur [a] de la [b] du banque.
5. Nous allons [a] à la [b] au cinéma.
6. C'est le président [a] du [b] des Brésil.
7. Il habite [a] à [b] au premier étage.
8. Il va [a] à la [b] au pharmacie.

Quelques verbes : *faire, pouvoir*

10 Souligne la forme verbale qui convient.

1. **A :** Tu *fais / fait / faites* tes devoirs ?
   B : Non, je ne *peux / pouvons / peut* pas. *J'ai / a / as* mal à la main.

2. **A :** Qu'est-ce que vous *fait / faites / fais* aujourd'hui ?
   B : Nous *fais / fait / faisons* une promenade et nous *faisons / faites / fait* un tour à vélo.
   A : Pourquoi vous ne *regardes / regardez / regardons* pas la télé ? Il y *a / as / ai* le tour de France ! C'est moins fatigant !

3. **A :** Qu'est-ce que vous *fais / faites / fait* samedi ? Vous *êtes / avez / faites* libres ?
   B : Pourquoi ?
   A : Parce que je *fais / fait / faites* une fête pour mon anniversaire. Vous *pouvez / peux / peuvent* venir ?
   B : Oui, avec plaisir !

4. **A :** Qu'est-ce que tu *fais / fait / faites* dimanche après-midi ?
   B : Rien.
   A : J'organise une boum dans ma maison, à la campagne, tu *peut / peux / peuvent* venir ?
   B : Bien sûr ! Merci !

5. **A :** Pourquoi nous ne *faites / font / faisons* pas un barbecue dans le jardin ?
   B : Il fait trop chaud ! Pourquoi nous n'*allez / allons / vont* pas faire une promenade ?
   A : C'est une bonne idée ! Nous *pouvons / pouvez / peuvent* pique-niquer.
   B : D'accord ! Je *fait / fais / faisons* des sandwichs.

Phonétique

Pour compter

1 (CD 26) Écoute l'enregistrement et indique les nombres que tu entends.

1	[a] 56	[b] 66	6	[a] 71	[b] 61
2	[a] 75	[b] 85	7	[a] 82	[b] 92
3	[a] 19	[b] 29	8	[a] 90	[b] 80
4	[a] 83	[b] 93	9	[a] 62	[b] 72
5	[a] 75	[b] 85	10	[a] 99	[b] 89

2 (CD 27) Écoute l'enregistrement et écris les nombres que tu entends.

1 .... 6 ....
2 .... 7 ....
3 .... 8 ....
4 .... 9 ....
5 .... 10 ....

3 (CD 28) Écoute l'enregistrement et complète le texte avec les nombres qui manquent.

Lucien a .... ans. Il est né le .... décembre. Il habite ...., rue de la République, à Nice. Son numéro de téléphone est le .... Il adore les animaux. Il a .... chats, ... chiens et .... poissons rouges. Il aime beaucoup la musique classique. Il a .... disques et .... CD.

Les finales muettes

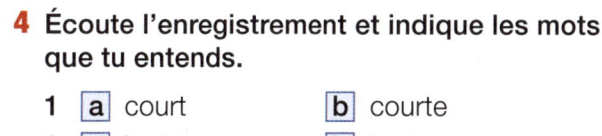

4 (CD 29) Écoute l'enregistrement et indique les mots que tu entends.

1. [a] court   [b] courte
2. [a] lent   [b] lente
3. [a] absent   [b] absente
4. [a] pris   [b] prise
5. [a] petit   [b] petite
6. [a] suédois   [b] suédoise
7. [a] lourd   [b] lourde
8. [a] coup   [b] coupe
9. [a] finlandais [b] finlandaise
10. [a] frais   [b] fraise

3 Fais le point !

1 Observe les horloges et dis ce que fait Maxime aux heures indiquées.

1. Il est à l'école à ....
2. Il mange à ....
3. Il rentre à la maison à ....
4. Il fait ses devoirs à ....
5. Il se couche à ....
6. Le dimanche, il se lève à ....

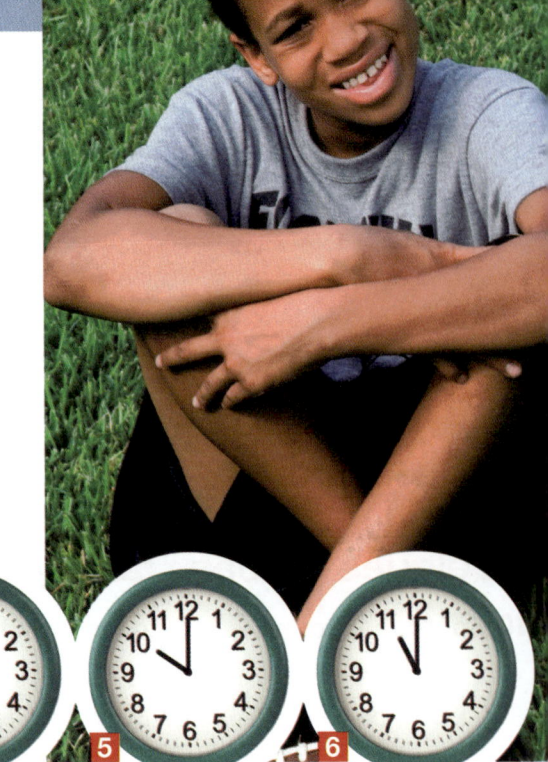

2 Observe l'emploi du temps de Guillaume.

	8h - 9h	9h - 10h	10h - 11h	11h - 12h	12h - 13h	13h - 14h	14h - 15h	15h - 16h
Lundi	Maths	Français	Histoire-Géo	Techno	Réfectoire	Français	Étude	
Mardi	Physique-chimie	Physique-chimie	Sport	Anglais	Réfectoire	Histoire-Géo	Anglais	Français
Mercredi								
Jeudi	Maths	Maths	Biologie	Biologie	Réfectoire	Sport	Sport	
Vendredi	Français	Anglais	Histoire-Géo	Étude	Réfectoire	Arts plastiques	Étude	Techno
Samedi	Étude	Maths	Éducation musicale					

A Dis si les affirmations sont vraies (V) ou fausses (F).

V F
1. Le lundi, Guillaume a cours de maths à huit heures.
2. Ce cours se termine à dix heures.
3. À dix heures, il a cours de biologie.
4. Le mercredi après-midi, il a deux heures de sport à partir de quatorze heures.
5. Le vendredi à huit heures, il a une heure de français.
6. Le samedi à dix heures, il a une heure d'histoire-géo.
7. Le mardi, il mange à midi.
8. Le mardi après-midi, à quatorze heures, il a un cours d'histoire-géo.

B Réponds aux questions.

1. Quand a-t-il cours de maths et à quelle heure ?
   ....
2. Quand a-t-il cours d'histoire-géo ?
   ....
3. À quelle heure est-ce qu'il commence les cours l'après-midi ?
   ....
4. Le jeudi après-midi, à quelle heure est-ce qu'il finit ses cours ?
   ....
5. Quel jour et à quelle heure a-t-il cours d'éducation musicale ?
   ....
6. À quelle heure commence son cours de sport le mardi ?
   ....

UNITÉ 3 — Fais le point !

3 Décris les deux personnages à l'aide des mots proposés.

Yeux : bleus, verts, marron, noirs

Cheveux : châtains, noirs, blonds, roux, bruns, bouclés, frisés, raides, longs, courts

Détails : porte des lunettes, porte un appareil dentaire

Manon ....
....
....
....

Kevin ....
....
....
....

4 Complète le mail avec les mots proposés.

[blond   c'est   fais   il y a
  merveilleuse   parce que   peux   yeux]

Chère Julie,
Je **1** .... une fête pour mon anniversaire dimanche après-midi.
Tu es libre ? J'espère que tu **2** .... venir !
J'invite mes copains et mes copines : nous sommes dix seulement, **3** .... Cécile et Cyril sont malades.
Et j'ai aussi une **4** .... surprise pour toi ! **5** .... un nouveau garçon super beau ! Il s'appelle Manfred. **6** .... un ami de Maxime. Il est autrichien. Il est **7** .... avec des **8** .... bleus magnifiques !
J'attends ta réponse. À samedi, j'espère !
Bises   Sophie

5 Qu'est-ce que tu dis dans les situations suivantes ? Choisis la phrase qui convient.

1 *Tu veux inviter un(e) ami(e) à ton anniversaire.*
   a Tu peux venir à mon anniversaire ?
   b Tu as un contrôle d'allemand ?
   c Tu organises ton anniversaire ?

2 *Tu acceptes une invitation avec enthousiasme.*
   a Non, je ne suis pas libre.
   b Oui, je viens avec plaisir.
   c Pas vraiment.

3 *Tu téléphones à Julien : tu veux savoir s'il est là.*
   a Allô, Julien est là ?
   b Bonjour Julien, ça va ?
   c Au revoir Julien.

4 *Tu veux savoir quand commence le spectacle.*
   a Il y a un spectacle ?
   b À quelle heure commence le spectacle ?
   c Quel est ton emploi du temps ?

5 *Tu dois refuser une invitation.*
   a Dommage, je ne suis pas libre.
   b C'est facile !
   c C'est génial !

6 *Tu demandes à Luc pourquoi il ne vous accompagne pas.*
   a Pourquoi tu ne viens pas avec nous ?
   b Pourquoi tu ne fais pas tes devoirs ?
   c Pourquoi tu es fatigué ?

UNITÉ 4

Dialogue

1 Écoute l'enregistrement du dialogue *Dans un magasin de vêtements* et réponds aux questions.

1 Quel temps fait-il ?
....

2 Où entrent Pauline et Saïda ?
....

3 Est-ce que les jeans sont chers ?
....

4 Est-ce que Pauline aime la couleur rouge ?
....

5 À qui est la ceinture marron de Pauline ?
....

6 De quelle couleur sont les ceintures disponibles ?
....

2 Lis le dialogue et complète le tableau.

Articles qui plaisent à Pauline	Article que cherche Pauline	Article non disponible

3 Écoute l'enregistrement. Dis si les affirmations sont vraies (V) ou fausses (F).

V F
☐ ☐ 1 Le blouson plaît aux deux garçons.
☐ ☐ 2 Il reste une taille S.
☐ ☐ 3 Le pull appartient à un garçon.
☐ ☐ 4 Le vélo appartient à Julien.
☐ ☐ 5 Le garçon n'a pas chaud.
☐ ☐ 6 La promotion est valable sur les jupes.
☐ ☐ 7 Le pantalon est trop serré.
☐ ☐ 8 Les bottes sont à Léa.

1 Où se passe la scène ?
....

2 Combien y a-t-il de personnages ?
....

3 Comment s'appellent les deux filles ?
....

4 Pourquoi entrent-elles dans un magasin ?
....

5 Quel vêtement est en promotion ?
....

6 Quel accessoire plaît à Julie ?
....

4 Lis le dialogue et réponds aux questions.

Julie : Il fait un froid de canard ! Entrons dans ce magasin !

Dorothée : Ok. En plus, il y a des soldes ! Regarde ce pantalon, il est en promotion !

Julie : Il est très joli. Moi, j'aime bien cette ceinture rose.

Dorothée : Elle est très originale. Et ce tee-shirt, regarde !

Julie : Pas mal !

La vendeuse : Je peux vous aider ?

Dorothée : Oui… Vous avez ce tee-shirt en rouge, s'il vous plaît ?

La vendeuse : Oui, mais en rouge, nous avons uniquement la taille S…

Dorothée : S, c'est parfait ! C'est ma taille !

5 Lis à nouveau le dialogue et dis à quel personnage correspond chaque affirmation.

1 Elle porte une taille S.
....

2 Il y a une ceinture rose qui lui plaît.
....

3 Elle veut acheter un tee-shirt rouge.
....

4 Elle veut aider les jeunes filles.
....

5 Elle travaille dans le magasin.
....

6 Elle a froid.
....

Lexique

UNITÉ **4**

1 Observe les images et choisis la bonne réponse.

1. Elle porte
   - a une robe rouge.
   - b un maillot de bain noir.

2. Il porte un
   - a pantalon beige.
   - b tee-shirt marron.

3. J'achète
   - a un pantalon blanc.
   - b une veste blanche.

4. J'adore ces
   - a boucles d'oreilles.
   - b baskets.

5. Elle adore ce
   - a pantalon noir.
   - b blouson bleu.

6. Nous préférons les
   - a tee-shirts.
   - b chemises.

2 Écoute l'enregistrement. Indique les vêtements et les accessoires que Sabrina a achetés.

Communication

1 Associe chaque phrase au dessin correspondant.

- **a** Il est à toi ce ballon ?
- **b** Il fait un froid de canard ! Tu n'as pas froid ?
- **c** Regarde ses chaussures : elles sont horribles !
- **d** À qui est cette chaussure ?
- **e** Regarde ces pantalons, ils sont en promotion !
- **f** J'adore ces lunettes de soleil : elles sont drôles, non ?

2 Imagine une réponse pour chaque phrase de l'exercice précédent.

1 .... 4 ....
2 .... 5 ....
3 .... 6 ....

Grammaire

L'expression de la possession

1 Lis les mini-dialogues et choisis le pronom personnel tonique qui convient.

1. – Il est à [a] toi [b] moi, Abou, ce vélo ?
   – Oui, il est à [c] lui [d] moi.
2. – Monsieur, elle est à [a] vous [b] toi cette clé ?
   – Non, elle n'est pas à [c] moi [d] toi.
3. – À qui sont ces bracelets ? À ta sœur ?
   – Oui, ils sont à [a] elle [b] lui.
4. – C'est le parapluie de Clément ?
   – Oui, il est à [a] elle [b] lui.
5. – À qui sont ces journaux ? À Marion ?
   – Oui, ils sont à [a] elle [b] eux.

2 Observe les images. Écris la question correspondant à chaque réponse.

1. .... ?
   Oui, il est à Léa.

2. .... ?
   Non, ils ne sont pas à madame Thomas. Ses gants sont noirs.

3. .... ?
   Non, ma bague est en argent.

4. .... ?
   Elle est à ma sœur.

5. .... ?
   Je ne sais pas.

6. .... ?
   Non, ce ne sont pas mes lunettes. Mes lunettes sont marron.

Les pronoms après les prépositions

3 Complète les mini-dialogues avec un pronom personnel tonique.

1. – Salut, Sophie ! Je vais au cinéma, tu viens avec .... ?
   – À quelle heure ? Ma sœur va à la banque et je dois aller avec ....
   – À quatre heures, ça va ?
   – D'accord. À quatre heures, je suis libre. Je peux venir avec ....

2. – Papa, Camille va à un concert ce soir. Je peux aller avec .... ?
   – Elle va au concert avec son frère ?
   – Oui, elle va au concert avec ....
   – D'accord, tu peux aller avec ....

3. – Qu'est-ce que tu prépares ?
   – Une mousse au chocolat.
   – Mmm, j'adore le chocolat !
   – Oui, mais c'est l'anniversaire de Damien. Je fais cette mousse pour ...., pas pour .... !

4

Les adjectifs démonstratifs

4 Complète avec *ce* ou *cet*.

1 .... garçon
2 .... homme
3 .... compas
4 .... portable
5 .... bruit
6 .... cahier
7 .... concert
8 .... employé
9 .... animal
10 .... appartement

5 Complète avec *ce* ou *cette*.

1 .... école
2 .... cartable
3 .... film
4 .... collège
5 .... chanson
6 .... fille
7 .... feuille
8 .... trousse
9 .... écharpe
10 .... bracelet

6 Complète avec *cet* ou *cette*.

1 .... robe
2 .... bague
3 .... album
4 .... incident
5 .... salle
6 .... exercice
7 .... chambre
8 .... association
9 .... fenêtre
10 .... écharpe

7 Complète les phrases avec un adjectif démonstratif.

1 .... jupe est superbe !
2 .... filles sont gentilles.
3 .... garçon est irlandais.
4 .... chanteur est connu.
5 .... animal est bien dressé.
6 .... dossiers sont secrets.

8 Complète les phrases comme dans l'exemple.

Ex. C'est un film muet.
     Ce film est muet.

1 Ce sont des chaussures élégantes.
   ....
2 C'est un peintre allemand.
   ....
3 C'est une fille blonde.
   ....
4 Ce sont des garçons timides.
   ....
5 C'est un homme courageux.
   ....
6 C'est un film intéressant.
   ....

Tu ou *vous* ? Le registre formel et informel

9 Récris les phrases de manière formelle ou informelle.

1 Comment vas-tu ?
   ....
2 S'il vous plaît, venez avec moi !
   ....
3 Passe-moi le verre, s'il te plaît !
   ....
4 Tu joues au foot ?
   ....
5 Vous aimez les chats ?
   ....
6 Vous avez un portable ?
   ....

La forme négative avec *ne... plus*

10 Transforme les phrases en mettant *ne... plus* à la place de *ne... pas*.

1 Il ne mange pas.
   ....
2 Elle ne pleure pas.
   ....
3 Ils ne jouent pas.
   ....
4 Tu ne bois pas ?
   ....

11 Réponds négativement aux questions en employant *ne... plus*.

1 Tu as encore sommeil ?
   Non, ...
2 Vous avez encore soif ?
   Non, ...
3 Elle a encore faim ?
   Non, ...
4 Il fait encore froid ?
   Non, ...
5 Tu as encore envie de sortir ?
   Non, ...
6 Vous avez encore froid ?
   Non, ...

UNITÉ 4 — Grammaire

Le verbe *avoir* pour exprimer des sensations

12 Observe les dessins et complète les légendes.

1 Lucie a ....

2 Ils ont ....

3 Lucas a ....

4 Ils ont ....

5 Il a ....

6 Elles ont .... de danser.

4

Le verbe *faire* dans les tournures impersonnelles

13 Observe les images et écoute l'enregistrement. Dis si les affirmations sont vraies (V) ou fausses (F).

1 V F
2 V F
3 V F
4 V F

L'impératif affirmatif

14 Mets les formes verbales à l'impératif.

1 Vous entrez ....
2 Nous allons ....
3 Vous faites ....
4 Tu viens ....
5 Vous mangez ....
6 Tu chantes ....
7 Vous venez ....
8 Nous regardons ....

15 Complète les phrases avec les verbes conjugués à la personne qui convient.

1 *faire*, 2e personne du pluriel
.... vos devoirs !

2 *parler*, 2e personne du singulier
.... plus doucement !

3 *aller*, 1ère personne du pluriel
.... danser !

4 *aller*, 2e personne du pluriel
.... vous coucher !

5 *manger*, 2e personne du singulier
.... ta soupe !

6 *jouer*, 1ère personne du pluriel
.... ensemble !

16 Associe chaque phrase au dessin correspondant.

> a Entrez !
> b Arrête de pleurer !
> c Ne fais pas de bruit ! Il dort.
> d Viens te baigner !
> e Faites l'exercice 2, page 54.
> f Vite, prépare tes affaires de sport !

1 ☐

UNITÉ 4 — Grammaire & Phonétique

Phonétique

La liaison

1 Écoute l'enregistrement et indique les liaisons.

1. Vous avez des timbres ?
2. Nous avons rendez-vous chez eux.
3. Dans leur jardin, il y a un grand arbre.
4. Ils ont un grand jardin.
5. Vous appelez vos amis ?
6. Elles ont des exercices de maths pour demain.
7. Ils nous invitent à leur fête d'anniversaire.
8. Vous aimez cette couleur ?

La liaison avec les nombres

2 Écoute l'enregistrement et indique les liaisons.

1. À trois heures, il va chez le dentiste.
2. Ses deux enfants sont sages.
3. Il a huit sœurs.
4. Son frère a sept ans.
5. Elle reste six jours chez sa tante.
6. Il est dix heures et demie.
7. Il y a six étages dans cet immeuble.
8. Il est huit heures.

L'accent graphique

3 Écoute l'enregistrement et mets un accent aigu ou grave sur les mots, si nécessaire.

1 reunir	5 nageur	9 meteo
2 reussite	6 Leon	10 velo
3 peuple	7 barriere	11 service
4 sirene	8 priere	12 serrure

4 Lis les phrases et mets les accents sur *ou* et *a*, si nécessaire.

1. Tu veux cette écharpe rose ou tu préfères la rouge ?
2. Il a une maison a la campagne.
3. Ou habites-tu ?
4. Nous avons rendez-vous a sept heures.
5. Ou as-tu rendez-vous ?
6. Nous allons a la cantine a midi.

4 Fais le point !

1 Complète les phrases avec un pronom tonique ou un adjectif possessif. Ensuite, associe chaque phrase au dessin correspondant.

a C'est .... chien ? Oui, c'est .... chien. Excusez-moi !
b Ils sont à .... ces cahiers ? Oui, ils sont à ....
c Il est à .... ce vélo ? Non, il est à ....
d Pardon, madame, il est à .... ce foulard ? Oui, il est à .... ! Merci bien !

2 Choisis la préposition qui convient.

1 Ce pantalon est [a] à [b] avec Sophie.
2 Ils entrent [a] dans [b] de le magasin.
3 Elle sort [a] avec [b] pour nous.
4 Il mange [a] sans [b] de sel.
5 Elle fait une tarte [a] de [b] pour lui.
6 C'est le parapluie [a] avec [b] de Lucie.

3 Qu'est-ce que tu dis dans les situations suivantes ? Choisis la phrase qui convient.

1 *Tu dis à un(e) ami(e) de regarder une vitrine.*
   [a] Tu as une vitrine ?
   [b] Regarde cette vitrine !
   [c] Tu veux cette vitrine ?

2 *Tu demandes à qui appartient une écharpe.*
   [a] À qui est cette écharpe ?
   [b] Vous voulez cette écharpe ?
   [c] Regardez cette écharpe !

3 *Tu demandes à une dame si le parapluie que tu as trouvé est à elle.*
   [a] Il est à toi, ce parapluie ?
   [b] Il est à vous, madame, ce parapluie ?
   [c] Est-ce que c'est ton parapluie ?

4 *Tu proposes ton aide à quelqu'un de manière formelle.*
   [a] Je peux vous aider ?
   [b] Vous pouvez m'aider ?
   [c] Quelle heure il est, s'il te plaît ?

UNITÉ 4   **Fais le point !**

5 *Tu demandes à un(e) ami(e) si les chaussures qui sont en vitrine lui plaisent.*
- a Tu n'aimes plus ces chaussures ?
- b Elles sont à toi ces chaussures ?
- c Tu aimes ces chaussures ?

6 *Tu demandes à un(e) ami(e) s'il/elle a froid.*
- a Tu as froid ?
- b Il fait beau ?
- c Il fait froid ?

4 Associe chaque phrase au dessin correspondant.

[a Entrons dans ce café !   b Viens ici !   c Faites attention aux voitures !
d Achetons une glace !   e Regarde les canards !   f Ramasse ce papier !]

5 Justine prépare ses valises pour partir en vacances. Compare les deux dessins et fais la liste des vêtements et accessoires qu'elle a mis dans sa valise.

1 ....
2 ....
3 ....
4 ....
5 ....
6 ....

Civilisation

1 Écris sous chaque image le nom de la fête.

1 ....

2 ....

3 ....

4 ....

5 ....

6 ....

2 Indique sur le calendrier la date des fêtes de l'exercice précédent.

3 Complète les phrases avec les mots proposés.

> 14 juillet   férié   Carnaval   ouvrable   Saint-Sylvestre   Saint-Valentin   sapin   Travail

1. Le 1er mai est la fête du ....
2. L'arbre qui symbolise Noël est le ....
3. La fête des amoureux s'appelle la ....
4. Le dernier jour de l'année, on fête la ....
5. En France, Mardi-Gras est un jour ....
6. Un jour .... est un jour où l'on ne travaille pas.
7. En France, le .... le plus célèbre est celui de Nice.
8. La fête nationale française tombe le ....

4 Relie chaque monument parisien à l'arrondissement où il se trouve.

1. La tour Eiffel
2. Le jardin du Luxembourg
3. L'Arc de triomphe
4. Le Louvre
5. Le palais de l'Élysée
6. L'obélisque de Louxor

Dialogue

1 Écoute l'enregistrement du dialogue *Après les cours* et réponds aux questions.

1 Est-ce que Kevin habite loin du collège ?
....

2 À quelle heure doit-il se lever le matin ?
....

3 Est-ce que Saïda a le temps de prendre son petit-déjeuner le matin ?
....

4 Est-ce que Kevin va à l'école en train ?
....

5 Est-ce que Saïda aime la natation ?
....

6 Quel est le sport préféré de Kevin ?
....

7 À quelle heure sort Kevin le lendemain ?
....

8 Est-ce que Saïda et Kevin vont à la compétition ensemble ?
....

2 Écoute le dialogue et choisis la bonne réponse.

Julien : Tu habites loin du collège ?
Sophie : Non, j'habite juste à côté.
Julien : À quelle heure tu dois te lever ?
Sophie : À sept heures et demie.
Julien : Tu prends le bus ?
Sophie : Non, je viens à pied.
Julien : Tu as de la chance ! Moi, je viens en bus et je dois me lever à six heures et demie ! Je vais à la piscine deux fois par semaine. Et toi, tu vas souvent à la piscine ?
Sophie : Oui, moi aussi, je vais à la piscine deux fois par semaine. Pourquoi ?
Julien : Parce que la piscine près de chez moi organise une compétition. Ça t'intéresse ?
Sophie : Oui, bien sûr ! Merci !

1 Sophie habite [a] loin [b] près du collège.
2 Sophie se lève [a] avant [b] après Julien.
3 Sophie [a] prend le bus [b] vient à pied.
4 Julien se lève à [a] 6 h 30 [b] 7 h 30.
5 Sophie va à la piscine [a] deux [b] cinq fois par semaine.
6 La piscine près de chez Julien organise [a] une compétition [b] un cours de natation.

3 Écoute de nouveau le dialogue et complète le tableau.

	Sophie	Julien
va au collège…		
se lève à…		
va à la piscine…		
habite près…		

4 Lis le dialogue et dis si les affirmations sont vraies (V) ou fausses (F). Ensuite, corrige les affirmations qui sont fausses.

V F

☐ ☐ 1 Julien habite loin du collège.
....

☐ ☐ 2 Il se lève à sept heures.
....

☐ ☐ 3 Il va au collège en bus.
....

☐ ☐ 4 Il va à la piscine trois fois par semaine.
....

☐ ☐ 5 La piscine près de chez Julien organise une compétition.
....

☐ ☐ 6 Sophie veut participer à la compétition.
....

Lexique

1 Observe les images et complète les légendes.

1 Il ....   2 Elle ....   3 Elle ....

4 Ils ....   5 Ils ....   6 Ils ....

2 Observe les dessins et raconte la journée de Camille.

1 ....   2 ....   3 ....

4 ....   5 ....   6 ....

UNITÉ 5

49

Communication

1 Associe chaque question à la réponse correspondante.

1. ☐ Salut ! Tu viens avec moi au stade ? Il y a un tournoi de foot.
2. ☐ Tu veux venir voir la finale du tournoi de rugby ?
3. ☐ Est-ce que tu aimes skier ?
4. ☐ Il y a un dessin animé au cinéma. Ça te dit ?
5. ☐ Tu aimes jouer au basket ?
6. ☐ Tu aimes la natation ?

a. Bien sûr ! C'est cool ! J'adore le foot.
b. Oh, non, tu sais que je n'aime pas le rugby !
c. Non, je déteste le basket.
d. Oui, je vais à la piscine trois fois par semaine.
e. Oui, avec plaisir ! J'adore les dessins animés !
f. Pas vraiment, je préfère le patinage.

2 Réponds aux questions.

1. À quelle heure tu te lèves le jeudi ?
   ....
2. Est-ce que tu aimes faire du sport ?
   ....
3. À quelle heure tu finis les cours le mardi ?
   ....
4. Quand est-ce que tu fais tes devoirs ?
   ....
5. Comment tu vas au collège ?
   ....
6. Tu vas souvent au cinéma ?
   ....

3 Quelle heure est-il ? Observe les images et écris l'heure.

1 .... 2 ....

3 .... 4 ....

4 Écoute l'enregistrement. Complète les phrases avec l'heure qui convient.

1. Mathis va à son cours de tennis à ....
2. Lisa a un contrôle d'anglais à ....
3. Le film commence à ....
4. Monsieur Duval a rendez-vous chez le dentiste à ....

Grammaire

L'interrogation partielle

1 Associe chaque question à la réponse correspondante.

1 ☐ Où est ma trousse ?
2 ☐ Où sont mes skis ?
3 ☐ Quand est-ce qu'il a son cours de tennis ?
4 ☐ Quand est-ce que vous allez au cinéma ?
5 ☐ À quelle heure tu arrives à l'école ?
6 ☐ À quelle heure je viens chez toi ?
7 ☐ Comment il s'appelle ?
8 ☐ Comment tu vas ?

a Le mardi après-midi.
b Ils sont près de la porte.
c Viens vers quatre heures.
d J'arrive à huit heures.
e À la séance de huit heures.
f Elle est sur la table.
g Ça va bien, merci.
h Julien.

2 Trouve les questions correspondant aux réponses.

1 .... ?
   Il s'appelle David.
2 .... ?
   Il est pianiste.
3 .... ?
   Elles habitent à Nantes.
4 .... ?
   Je suis italienne.
5 .... ?
   Il sort à deux heures.
6 .... ?
   Non, je ne suis pas irlandais. Je suis anglais.
7 .... ?
   Mon numéro est le 06 44 21 87 65.
8 .... ?
   La compétition commence à cinq heures.

Les prépositions de lieu

3 Quel désordre ! Damien cherche des objets mais il ne les trouve pas. Observe le dessin et aide Damien à retrouver ces objets. Écris des phrases avec les prépositions de lieu.

[les chaussettes   le CD   le portable   la clé USB   le blouson]

4 Observe les images et complète les phrases avec la préposition de lieu qui convient.

[à   chez   en   dans   sous   sur]

1 Les pantoufles sont .... le bureau.

2 Elle est .... la boulangerie.

3 Le chien est .... la boîte.

4 Nice se trouve .... Provence.

5 Il y a une fête .... Coralie.

6 Le gâteau est .... la table.

Adverbes et expressions de temps

5 Associe chaque phrase à son contraire.

1. ☐ Il va toujours à la mer en été.
2. ☐ Il aime beaucoup skier.
3. ☐ Il adore la natation.
4. ☐ Il joue souvent au rugby.
5. ☐ Il n'aime pas tellement les films policiers.
6. ☐ Il déteste le tennis.
7. ☐ Il aime danser.
8. ☐ Il voyage souvent.

a. Il adore le tennis.
b. Il joue rarement au rugby.
c. Il ne va jamais à la mer en été.
d. Il déteste la natation.
e. Il aime beaucoup les films policiers.
f. Il n'aime pas beaucoup skier.
g. Il voyage rarement.
h. Il n'aime pas danser.

6 Observe l'agenda de Camille et complète le tableau.

La semaine de Camille

LUNDI
13 h déjeuner chez papi et mamie
17 h piscine

MARDI
17 h cours particulier d'allemand

MERCREDI
17 h piscine

JEUDI
16 h shopping avec Léonie

VENDREDI
15 h cours de danse

SAMEDI
18 h cinéma avec Julie

DIMANCHE
17 h patinoire avec Julie et Muriel

	Quel(s) jour(s) de la semaine ?	À quelle heure ?	Combien de fois par semaine ?
1 Elle va à la piscine.			
2 Elle a son cours de danse.			
3 Elle a son cours particulier d'allemand.			
4 Elle déjeune chez ses grands-parents.			
5 Elle va à la patinoire.			
6 Elle va au cinéma.			

Le présent de l'indicatif des verbes du 2ᵉ groupe

7 Complète le tableau en conjuguant les verbes au présent de l'indicatif.

Accomplir	j'	vous	ils
Agir	j'	vous	ils
Choisir	je	vous	ils
Finir	je	vous	ils
Grandir	je	vous	ils
Maigrir	je	vous	ils
Obéir	j'	vous	ils
Réagir	je	vous	ils
Remplir	je	vous	ils
Réussir	je	vous	ils
Saisir	je	vous	ils
Vieillir	je	vous	ils

8 Complète les formes verbales avec les terminaisons du présent de l'indicatif.

1. Je maigr.......... .
2. Il vieill.......... .
3. Elle réuss.......... .
4. Vous rempl.......... .
5. Nous grand.......... .
6. Elles chois.......... .
7. Tu réfléch.......... .
8. Nous obé.......... .
9. Vous fin.......... .
10. Ils fleur.......... .

Quelques verbes : *mettre, prendre, sortir*

9 Complète les phrases avec des pronoms personnels sujets. Parfois, plusieurs solutions sont possibles.

1. .... prends le bus.
2. .... sort souvent ?
3. .... mettez un pull.
4. .... sortent le samedi soir ?
5. .... mets un jean.
6. .... sors tous les jours.
7. .... prenons un thé.
8. .... met un pantalon.
9. .... prenez un café ?
10. .... mettent leur veste.
11. .... prennent le métro.
12. .... sortez à quelle heure ?

Particularités des verbes du 1ᵉʳ groupe

10 Choisis la phrase correspondant à chaque dessin.

1. a) Elle se lève à huit heures.
   b) Elle va à l'école à huit heures.

2. a) Il soulève sa valise.
   b) Il achète une valise.

Grammaire & Phonétique

Phonétique

La prononciation des diphtongues

1 Écoute l'enregistrement et complète les mots avec *ou* ou *u*.

1. b........che
2. b........lbe
3. m........che
4. s........che
5. r........che
6. j........s
7. p........nition
8. l........che

2 Écoute l'enregistrement et complète les mots avec *oi*, *ou*, *u*, *ai* ou *au*.

1. b........lot
2. s........le
3. mir........r
4. font........ne
5. s........s
6. t........t
7. s........r
8. t........be
9. ét........le
10. c........sse

3 Écoute l'enregistrement et complète les mots avec *oi*, *ou*, *u*, *ai* ou *au*.

1. vel........rs
2. Ant........ne
3. rh........me
4. mauv........s
5. land........
6. r........son
7. chame........
8. j........pe
9. m........ton
10. vr........

4 Écoute l'enregistrement et mets les mots que tu entends dans la bonne colonne.

u [y]	ou [u]

5 Écoute l'enregistrement et mets les mots que tu entends dans la bonne colonne.

ai [ɛ]	au [o]

3. a. Il achète un pneu neuf.
   b. Il enlève le pneu crevé.

4. a. Elle élève ses enfants.
   b. Elle gronde ses enfants.

5. a. Elle prélève de l'argent sur son compte.
   b. Elle dépense de l'argent.

6. a. Il relève le bas de son pantalon.
   b. Il déchire son pantalon.

Fais le point !

1 Observe les dessins et écris ce que fait Mathis et à quelle heure.

1 ....

2 ....

3 ....

4 ....

5 ....

6 ....

2 Observe l'agenda de Cyril et raconte sa journée.

LUNDI 23 NOVEMBRE

- ✓ 6 h 30 réveil
- ✓ 8 h 10 contrôle de bio
- ✓ 17 h 30 cours particulier de français
- ✓ 18 h 30 devoirs
- ✓ 19 h 30 dîner
- ✓ 20 h 30 regarder la télé

UNITÉ 5

3 Écoute l'enregistrement et dis si les affirmations sont vraies (V) ou fausses (F). Ensuite, corrige celles qui sont fausses.

1 V F ....

2 V F ....

3 V F ....

4 V F ....

5 V F ....

6 V F ....

4 Choisis la bonne réponse.

1 Est-ce que tu joues au foot ?
   a Non, je ne sais pas nager.
   b Oui, le lundi et le jeudi.
   c Oui, je joue au basket.

2 Où habitent tes grands-parents ?
   a La samedi matin.
   b À Marseille.
   c Ma grand-mère cuisine très bien !

3 Comment tu vas au collège ?
   a À sept heures.
   b En vélo.
   c Oui, j'habite à côté du collège.

4 À quelle heure tu vas au cinéma ?
   a À neuf heures et demie.
   b Un film d'animation.
   c Lundi soir.

5 Tu vas souvent à la piscine ?
   a Oui, je vais rarement à la piscine.
   b Oui, uniquement le lundi.
   c Oui, je vais à la piscine trois fois par semaine.

6 Quelle heure est-il ?
   a Demain matin.
   b Une fois par jour.
   c Midi.

Dialogue

1 Écoute l'enregistrement du dialogue *Un après-midi chez Kevin* et réponds aux questions.

1 Comment s'appelle le chien de Kevin ?
   ....
2 D'où vient la perruche de Kevin ?
   ....
3 De quelle couleur est la perruche de Kevin ?
   ....
4 Est-ce qu'elle parle ?
   ....
5 Où se trouve la chambre de Kevin ?
   ....
6 Où sont les CD de Kevin ?
   ....

2 Lis le dialogue et choisis la bonne réponse.

1 Voilà Ricky, mon chien.
   Il est [a] petit [b] vieux.
2 C'est un [a] labrador [b] caniche.
3 Il a déjà [a] vingt [b] dix ans.
4 La cage de la perruche est dans
   [a] la cuisine [b] le salon.
5 Kevin adore [a] la musique [b] le ski.
6 L'étagère avec ses CD se trouve
   [a] derrière la porte [b] à côté de la fenêtre.

3 Écoute le dialogue et écris chaque phrase à la bonne place.

> Oui, il a cinq mois.   Ok, bonne idée !
> Sur l'étagère, à côté du bureau.
> Oui, j'adore le hard-rock.
> Elle est à gauche, au fond du couloir.
> Oui, c'est mon chien.

Romain : C'est ton chien ?
Julien : ....
Romain : Il a quel âge ? Il est jeune, n'est-ce pas ?
Julien : ....
Romain : On écoute un peu de musique. Ça te va ?
Julien : ....
Romain : Tu as des CD de hard-rock ?
Julien : ....
Romain : Ils sont où ?
Julien : ....
Romain : Au fait, où est la salle de bains, s'il te plaît ?
Julien : ....

4 Lis le dialogue de l'exercice 3 complété. Dis si les affirmations sont vraies (V) ou fausses (F) et corrige celles qui sont fausses.

V   F
☐   ☐   1 Julien a deux chiens.
         ....
☐   ☐   2 Le chien de Julien est vieux.
         ....
☐   ☐   3 Romain veut écouter de la musique.
         ....
☐   ☐   4 Julien a des CD de musique classique.
         ....
☐   ☐   5 Julien adore le hard-rock.
         ....
☐   ☐   6 La salle de bains est au fond du couloir.
         ....

5 Trouve les questions correspondant aux réponses. Tu peux t'aider du dialogue de l'exercice 3.

1 .... ?
  Camille a 16 ans.
2 .... ?
  Oui, pourquoi pas ! Le film commence à quelle heure ?
3 .... ?
  Oui, j'ai trois CD de rap.
4 .... ?
  Mes livres sont sur l'étagère.
5 .... ?
  Elle se trouve au fond du couloir, sur ta droite.
6 .... ?
  Oui, c'est mon chat.

Lexique

UNITÉ **6**

1 Associe chaque nom à la pièce correspondante.

[a la salle de bains b le salon c la salle à manger d la cuisine e la chambre à coucher
f la cave g le garage h le couloir i le débarras j les toilettes]

2 Associe chaque nom à l'objet correspondant.

[a un canapé b une table c une chaîne hi-fi d un four e une télé f une baignoire]

59

6 Communication

1 Observe les dessins et complète les phrases avec les mots proposés.

[dans le tiroir   dans la salle de bains   dans sa cage, dans le salon
sur mon bureau   sur la table   sous la chaise]

1. — Il est où Coco ? — Il est ....

2. — Elles sont .... — Clément, elles sont où tes lunettes de soleil ?

3. — Alexandra, tu vois mon journal quelque part ? — Oui, papa, il est ....

4. — Tu sais où est Minou ? — Oui, il est ....

5. — Je ne trouve pas mes clés… Tu sais où elles sont ? — Oui, elles sont ....

6. — Elle est où ma brosse ? — Elle est ....

2 Associe chaque question à la réponse correspondante.

1. ☐ Où est la cuisine ?
2. ☐ Tu as beaucoup de DVD ?
3. ☐ Tu as un hamster, n'est-ce pas ?
4. ☐ Combien de chats tu as ?
5. ☐ Où est mon tee-shirt ?
6. ☐ Elle a beaucoup de livres ?

a. J'ai trois chats.
b. Il est dans la machine à laver.
c. Oui, j'adore regarder des films !
d. Oui, elle a beaucoup de livres !
e. Oui, il s'appelle Titi.
f. Elle est au fond du couloir.

Grammaire

Combien de/d'... ?

1 Écris les questions en employant *combien de*.

1 .... ?
Elle achète trois baguettes.
2 .... ?
Nous avons deux chats.
3 .... ?
Il a trois frères.
4 .... ?
Ils ont deux salles de bains.
5 .... ?
Aujourd'hui, j'ai deux heures de maths.
6 .... ?
Il y a deux fenêtres dans le salon.

2 Observe les dessins et trouve les questions en employant *combien de*.

1 .... ?
J'ai trois chiens.

2 .... ?
Elle a deux sœurs jumelles.

3 .... ?
Donnez-moi cinq bananes, s'il vous plaît.

4 .... ?
J'ai deux portables.

5 .... ?
Il y a cinq pièces dans cet appartement.

6 .... ?
Elle a environ cinquante paires de lunettes de soleil.

Il y a

3 Décris les dessins en employant *il y a* et les mots proposés.

1 deux chats/canapé

....

2 deux pommes/arbre

....

3 des journaux/bureau

....

4 quatre pièces/maison

....

5 un chien/jardin

....

6 trois vases/étagère

....

7 beaucoup de chaussettes/tiroir

....

8 une souris/cuisine

....

Grammaire

Les prépositions de lieu

4 Observe le dessin et dis si les affirmations sont vraies (V) ou fausses (F). Ensuite, corrige celles qui sont fausses.

V F
☐ ☐ 1 Le buffet est à côté de la porte.
....
☐ ☐ 2 Le lave-vaisselle est sous l'évier.
....
☐ ☐ 3 La table est au milieu de la pièce.
....
☐ ☐ 4 La télévision est sur le frigo.
....
☐ ☐ 5 Il y a une chaise devant la télé.
....

V F
☐ ☐ 6 Le chat est sur la chaise.
....
☐ ☐ 7 L'évier est près de la fenêtre.
....
☐ ☐ 8 La télévision est près du lave-vaisselle.
....
☐ ☐ 9 Le four à micro-ondes est sur la table.
....
☐ ☐ 10 Le radiateur est à côté de la fenêtre.
....

Les prépositions devant les noms de pays ou de régions

5 Observe les images et complète les légendes.

1 Il va ..... France, ... Nice.

2 Elle passe ses vacances ..... Rome, ... Italie.

3 Elle va ..... États-Unis, ... New York.

4 Ils ont visité le centre Georges Pompidou ..... France, ... Paris.

5 Elle va faire du ski dans les Alpes, ... Chamonix.

6 Elles suivent un stage ..... Angleterre, ... Londres.

7 Il va voir sa famille qui habite ..... Allemagne, ... Berlin.

8 Nous avons des amis ..... Grèce, ... Athènes.

UNITÉ 6 — Grammaire & Phonétique

6 Indique dans quel pays se trouve chaque ville. Ensuite, complète les phrases avec la préposition qui convient.

1. Barcelone se trouve
   a .... Espagne.
   b .... Belgique.
2. Amsterdam se trouve
   a .... Portugal.
   b .... Pays-Bas.
3. Oslo se trouve
   a .... Norvège.
   b .... Suisse.
4. Munich se trouve
   a .... Suède.
   b .... Allemagne.
5. Los Angeles se trouve
   a .... États-Unis
   b .... Argentine.
6. Buenos Aires se trouve
   a .... Mexique.
   b .... Argentine.
7. Mexico se trouve
   a .... Mexique.
   b .... Irlande.
8. Stockholm se trouve
   a .... Équateur.
   b .... Suède.
9. Saint-Pétersbourg se trouve
   a .... Russie.
   b .... Suisse.
10. Genève se trouve
    a .... Suisse.
    b .... Italie.

Quelques verbes : *connaître, savoir, voir, vouloir*

7 Complète les phrases avec les verbes *connaître, savoir, voir* et *vouloir* au présent de l'indicatif.

1. Elle .... une barbe à papa.
2. Je .... faire le tour du monde.
3. Ils .... passer le camion des pompiers.
4. Elle ne .... pas cette personne.
5. Il ne .... pas sa leçon.
6. Tu ne .... pas manger ta soupe.

Phonétique

Les voyelles nasales

1 Écoute l'enregistrement et complète les mots avec *an* ou *in*.

1. ....secte
2. ....cien
3. v.......gt
4. ....ge
5. m.......darine
6. m.......teau
7. ch.......ter
8. p.......ce
9. l.......ce
10. ch.......ce
11. s.......ge
12. s.......g
13. l.......
14. s.......gulier
15. s.......cère
16. c.......q
17. r.......cer
18. r.......cune

2 Écoute l'enregistrement et indique les mots que tu entends.

1. a norvégien — b norvégienne
2. a chilien — b chilienne
3. a lituanien — b lituanienne
4. a autrichien — b autrichienne
5. a colombien — b colombienne
6. a algérien — b algérienne
7. a péruvien — b péruvienne
8. a sud-africain — b sud-africaine
9. a vietnamien — b vietnamienne
10. a roumain — b roumaine
11. a indien — b indienne
12. a argentin — b argentine

3 Écoute l'enregistrement et indique les mots que tu entends.

1. a enfant — b enfin
2. a vingt — b vent
3. a chant — b Chine
4. a dans — b daim
5. a blanc — b blond
6. a timbre — b membre
7. a rang — b Rhin
8. a emporter — b importer
9. a lin — b lent
10. a sang — b sain

6 Fais le point !

1 Associe chaque phrase au dessin correspondant.

[a Tu veux combien de boules de glace ? b Que de journaux tu as sur ton bureau !
c Que de lettres aujourd'hui ! d Combien de cuillères de sucre tu mets dans ton thé ?
e Que de personnes à la poste aujourd'hui ! f Combien de places voulez-vous ?]

2 Complète les phrases avec un article contracté.

1 Tu viens .... cinéma avec nous ?
2 Il a peur .... méduses !
3 Fais attention .... épines !
4 Demande .... employé.
5 Parle-moi .... voyage de Sylvie !
6 Je pense .... prochain contrôle de maths.

UNITÉ 6 Fais le point !

3 Dans quels pays se trouvent ces villes ?

Ex. Paris se trouve en France.
1 Milan ....
2 Istanbul ....
3 Francfort ....
4 Bruxelles ....
5 Dublin ....
6 Strasbourg ....

4 Compare les deux dessins et dis quels objets ont changé de place.

5 Choisis la bonne réponse.

1 Tu as beaucoup de B.D. ?
 a Non, j'ai beaucoup de B.D.
 b Oui, j'ai une B.D.
 c Oui, j'ai cinquante B.D.

2 Il y a encore des places pour le concert ?
 a Non, il n'y a plus de place.
 b Demain soir, à neuf heures.
 c Je vais au concert avec mon frère.

3 Où sont mes lunettes ?
 a Sur la table du salon.
 b J'ai deux paires de lunettes.
 c Je n'aime pas ces lunettes.

4 D'où vient Samia ?
 a Elle va au cinéma.
 b Elle vient à deux heures.
 c Elle vient de Tunisie.

5 Tu habites loin de l'école ?
 a Oui, je viens à pied.
 b Oui, j'habite à trente kilomètres.
 c Oui, j'ai cours le samedi matin.

6 Où se trouve le supermarché ?
 a Il ferme à huit heures.
 b Derrière la pharmacie.
 c Moi aussi, j'habite près du supermarché.

Civilisation

1 Associe chaque description à l'image correspondante.

Dino-Zoo
Dans ce parc, vous pouvez découvrir les mystères du monde des dinosaures. **a**

Le Futuroscope
Le multimédia, les techniques cinématographiques, audiovisuelles et robotiques du futur vous passionnent ? Alors, ce parc est fait pour vous ! **b**

La Cité de l'Espace
Vous voulez faire un voyage fantastique dans l'espace ? Venez visiter ce parc et vous décollerez. Direction les étoiles ! **c**

Le parc Astérix
Venez découvrir dans ce parc les traditions gauloises et les personnages d'Astérix et Obélix **d**

Eurodisney
Si vous visitez ce parc, vous pourrez découvrir le royaume de Mickey et Donald. **e**

Le Puy du Fou
Vous aimez les aventures des trois Mousquetaires ? Ce parc est le lieu idéal pour les découvrir ! **f**

UNITÉS 5-6 **Civilisation**

2 Observe les images. Lis les informations et écris le nom du parc correspondant.

1 ....
Ce parc est situé en Amérique du Sud et on y trouve des espèces animales et végétales rares.

2 ....
Situé sur une île, ce parc présente des espèces rares dont le lamantin, un animal marin qui a donné naissance à la légende sur les sirènes.

3 ....
Dans ce parc, situé à la frontière avec l'Espagne, l'ours brun est en voie de disparition.

4 ....
Situé dans l'Océan Indien, ce parc est caractérisé par une végétation luxuriante et de nombreuses espèces animales.

Coin Détente

1 Trouve les animaux cachés et écris leur nom.

1 _ _ G _ _

2 L _ _ _

3 L _ _ _ _

4 O _ _ _

5 _ _ _ H _

6 É _ _ P _ _ _ _

2 Trouve les couleurs qui se cachent dans ce message codé. Remplace chaque lettre par la lettre qui la suit dans l'alphabet. Attention ! Tu dois remplacer le Z par le A !

1 QNTFD ....
2 MNHQ ....
3 LZQQNM ....
4 UDQS ....
5 FQHR ....
6 AKZMB ....

3 Résous la charade et indique le vêtement que tu as trouvé.

Charade

Mon premier est la consonne de JE.
Mon deuxième est la voyelle de TU.
Mon troisième est la lettre initiale de PAIN.
Mon quatrième est la voyelle du mot SEL.
Mon tout est un vêtement.

4 Écoute l'enregistrement et relie les numéros entre eux. Tu découvriras un animal !

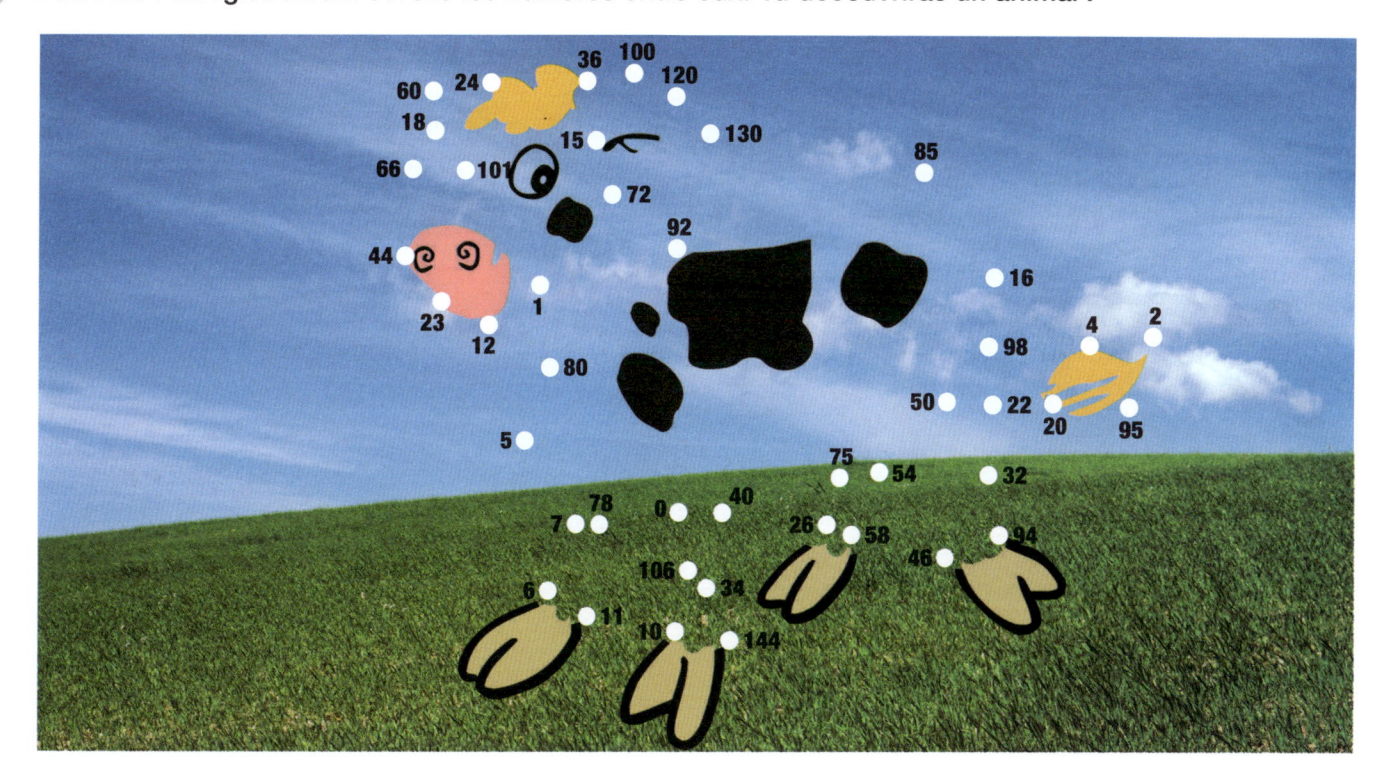

5 Observe les images et écris le nom des vêtements qui apparaissent uniquement dans deux ensembles.

CIDEB

Internet: www.blackcat-cideb.com
e-mail: info@blackcat-cideb.com

Rédaction : Maréva Bernède, Maria Gabriella Canelli, Sarah Negrel
Projet graphique et couverture : Tiziana Pesce
Mise en page : Carla Devoto, Tiziana Pesce, Edit 3000
Recherche iconographique : Alice Graziotin, Laura Lagomarsino
Illustrations de couverture et dessins : Giulia Orecchia
Coordination graphique : Simona Corniola
Responsable technique : Riccardo Massaro

Direction artistique : Nadia Maestri

Crédits photographiques : Photos.com ; Istockphoto ; Dreamstime.

© 2013 Cideb

Première édition : janvier 2013

Tous droits réservés. Toute représentation ou reproduction intégrale ou partielle de la présente publication ne peut se faire sans le consentement de l'éditeur.

L'éditeur reste à la disposition des ayants droit qui n'ont pu être joints, malgré tous ses efforts, pour d'éventuelles omissions involontaires et/ou inexactitudes d'attribution dans les références.

Pour toute suggestion ou information, la rédaction peut être contactée à l'adresse suivante :
info@blackcat-cideb.com

Réimpression :	8	9	10	11
Année :			2019	2020

Imprimé en Italie par Litoprint, Gênes